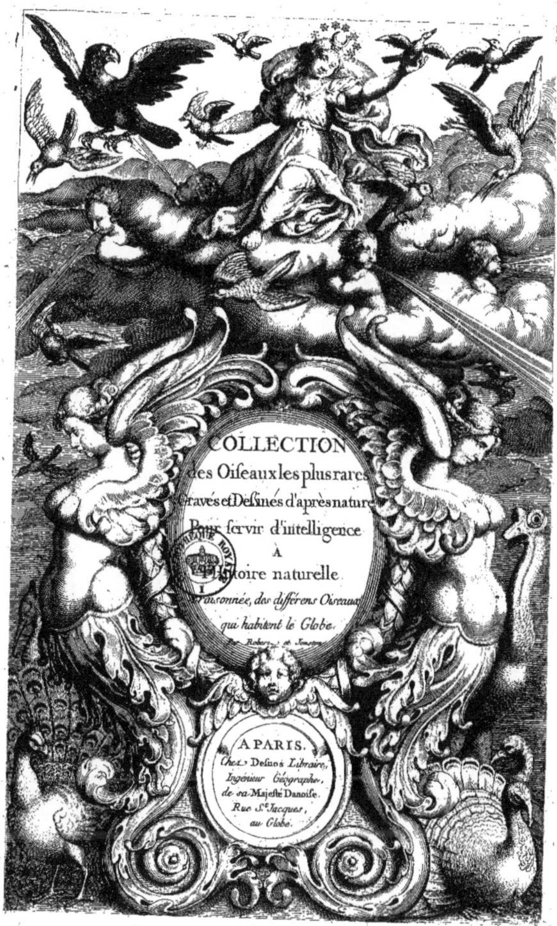
COLLECTION
des Oiſeaux les plus rares
ravés et Deſſinés d'après nature
Pour ſervir d'intelligence
A
toire naturelle
aisonnée, des différens Oiseaux
qui habitent le Globe.
A PARIS.
Chez Desnos Libraire,
Ingénieur Géographe,
de sa Majeſté Danoiſe.
Rue S.t Jacques,
au Globe.

COLLECTION
D'OISEAUX
LES PLUS RARES,
GRAVÉS ET DESSINÉS D'APRÈS NATURE,
POUR SERVIR D'INTELLIGENCE
A L'HISTOIRE
NATURELLE ET RAISONNÉE
DES DIFFERENS OISEAUX QUI HABITENT LE GLOBE.

CONTENANT

Leurs noms en différentes langues de l'Europe, leurs descriptions, les couleurs de leurs plumages, leurs dimensions, le temps de leur ponte, la structure de leurs nids, la grosseur de leurs œufs, leur caractère, & enfin tous les usages pour lesquels on peut les employer, tant pour la médecine que pour l'économie domestique.

Traduite du Latin de Jonston, considérablement augmentée, & mise à la portée d'un chacun.

De laquelle on a fait précéder l'Histoire particuliere des Oiseaux de la Ménagerie du Roi, peints d'après nature par le célébre Robert, & gravés par lui-même.

Le tout orné de quatre-vingt-cinq Planches, qui renferment près de neuf cens especes différentes, & divisé en trois Parties, dont la premiere traite des Oiseaux de la Ménagerie Royale, la seconde & la troisieme, sont l'ouvrage & les Planches même de Jonston, dont le mérite est très-connu.

Pour servir de suite à l'Histoire des Insectes & Plantes de Mademoiselle de Merian.

A PARIS,

Chez L. C. Desnos, Libraire, Ingénieur-Géographe de Sa Majesté le Roi de Danemarck, rue Saint Jacques, au Globe.

M. DCC. LXXII.

AVEC PRIVILEGE DU ROI.

INTRODUCTION.

Rien n'est plus admirable que la Nature ; si on la contemple, on y trouve des charmes, auxquels on a peine à se soustraire ; ce n'est partout que beautés, instructions & verités ; mais dans les différens individus qui en font partie, que peut-on trouver de plus agréable & de plus amusant qu'un Oiseau ? La structure de son nid, & le soin qu'il prend de ses petits, méritent surtout notre attention. Qui peut, en voyant des choses aussi merveilleuses, méconnoître l'empreinte du Créateur ! La conformation & le vol des Oiseaux, ne peuvent être aussi que l'ouvrage d'une Sagesse infinie.

Le corps d'un Oiseau n'est ni extrêmement massif, ni également chargé de matiere dans toutes ses parties ; c'est une réflexion très-judicieuse que fait un Auteur anonyme, mais il est très-bien disposé pour pouvoir voler ; il est étroit par le bas, & il augmente en grosseur par degré, jusqu'à ce qu'il soit parvenu aux dimensions qui lui sont nécessaires ; c'est en raison d'une pareille structure qu'il est beaucoup plus propre à fendre l'air, & qu'il se pratique plus facilement un passage à travers cet élément.

Examinons, pour un moment, tout ce qu'il y a de plus curieux dans cet animal : il est souvent obligé de traverser en volant un long espace, & il ne trouve pas toujours, pendant ce trajet, les provisions qui lui peuvent être nécessaires, il est même contraint de passer les longues nuits d'hyver sans manger ; mais le Créateur y a pourvu, il l'a fourni à cet effet, au-dessous du gosier, d'une espece de réservoir, appellé *Jabot*, où l'animal reçoit & dépose sa nourriture : le fluide dans lequel celle-ci nage, facilite sa premiere digestion, & le gesier, où il n'en entre qu'une fort petite quantité à la fois, acheve le reste de l'opération, quelquefois même, à l'aide de certaines petites pierres ou cailloux angulaires que l'oiseau avale.

Les Oiseaux ont leurs os si minces & si creux, qu'à peine ces os peuvent-ils en augmenter le poids ; ils n'en sont cependant pas moins solides. Tout leur plumage est formé & distribué avec tant d'art, qu'il soutient leur corps en l'air, & qu'il le garantit en même temps des injures du temps : les tuyaux de leurs plumes sont tout à la fois & fermes & légers : fermes pour pouvoir fendre l'air avec force ; légers & creux pour les tenir en équilibre avec l'air ; leurs plumes sont renversées en arriere & placées réguliérement les unes sur les autres ; mais la partie de ces plumes la plus proche du corps de l'animal, se trouve toujours garnie d'un duvet mollet & chaud ; & celle qui est la plus voisine de l'air, a une double barbe en deux rangées, plus longues par un bout que par l'autre : ces barbes ne sont que la continuation de petites lames minces & plates, disposées & arrangées sur une ligne aussi parfaitement, que si on avoit coupé leurs extrémités avec des ciseaux : mais ce qu'il y a de plus singulier, c'est que chacune de ces lames est en elle-même un tuyau ou base, qui soutient deux nouvelles rangées de barbes, & ces dernieres sont très-petites, elles sont même presqu'invisibles. Toutes ces différentes barbes bouchent tellement les intervalles, qu'il est impossible à l'air de s'y insinuer. En général, toutes les plumes se trouvent disposées de façon, que la rangée des petites barbes de l'une glisse, joue & se développe plus ou moins sous les grandes barbes de l'autre plume posée par-dessus. Vient ensuite un nouveau rang de plumes plus petites, & ce nouveau rang sert comme de couverture au tuyau des plus grandes. L'air est ainsi intercepté de tout côté, & conséquemment l'impulsion des plumes sur le fluide devient très-forte & efficace ; mais comme toute l'économie nécessaire à la constitution de ces animaux pourroit souvent se déranger par les pluyes, le Créateur a accordé aux Oiseaux un moyen de rendre leurs plumes aussi impénétrables à l'eau qu'à l'air, il a muni chacun d'eux d'un sac, ou réservoir, rempli d'huile & fait comme un mamelon, qui est placé à l'extrémité de leur corps : on remarque dans ce mamelon plusieurs ouvertures. Dès qu'un Oiseau s'apperçoit qu'il a ses plumes séches, gâtées, séparées, ou prêtes à être mouillées, il presse ce mamelon avec son bec, il en sort une huile ou humeur grasse qui se trouve dans les glandes de cette partie, il promene ensuite successivement son bec sur la plûpart de ses plumes, il les huile, les pare, leur donne un lustre, & remplit de cette matiere visqueuse tous les vuides qui s'y trouvent ; l'eau ne fait plus alors que glisser sur le corps de l'oiseau ; & il est à observer que les Oiseaux qui sont destinés à vivre sur l'eau, sont pourvus plus abondamment de cette huile que ceux des basses-cours, aussi est-elle plus nécessaire à ceux-là. La sagesse du Créateur se manifeste encore plus dans le jeu des aîles & de la queue de ces animaux, que dans la structure de leurs plumes ; les aîles forment de chaque côté des leviers qui tiennent le corps de l'animal dans un juste équilibre ; elles font en outre les fonctions de rames, qui portent sur l'élément qui leur résiste, font avancer le corps dans une direction contraire : la queue sert de contre-poids à la tête & au cou de l'oiseau, c'est son gouvernail ; il lui sert en même temps pour conserver son équilibre pendant le vol, & pour le mettre en état de monter, de descendre, ou de changer de direction dans l'air ; dès que cette queue se trouve dirigée vers un point, la tête de l'oiseau tourne nécessairement vers le côté opposé.

La variété qui se trouve dans les aîles, les becs, les griffes, & les autres parties des oiseaux, méritent encore notre attention ; en les examinant de près, on remarque que leur bec, leurs talons, les dimensions de leurs aîles,

& en général toutes les parties de leur corps sont combinées & appropriées à leurs besoins ; ce sont autant d'instrumens dont ils peuvent se servir selon la nature de leur travail & leur maniere de vivre. Les Moineaux, & tous les petits oiseaux qui ne se nourrissent que de petits grains, ont un petit bec, & il leur suffit; leurs cols & leurs jambes sont aussi très-courts pour la même raison : mais les oiseaux, tels que les Becasses, Becassines, & quantité d'autres, qui sont obligés de chercher leurs alimens dans la terre ou dans la vase, ont besoin d'un grand cou & d'un bec fort long, aussi le souverain Etre les en a-t-il fourni. Le Pivert, qui a une maniere de vivre totalement différente, a aussi son corps construit bien différemment : son bec, qui est très-long, a une force & une solidité extraordinaires : sa langue est pointue, extrêmement longue; elle est en outre armée de petites pointes, & toujours couverte de glu vers son extrémité : ses pattes sont courtes, ses talons sont au nombre de deux par devant, & autant par derriere, & sont extrêmement crochus; mais tout cet appareil est absolument nécessaire à cet oiseau, pour sa façon de vivre & d'attrapper sa proie. Nous n'aurions jamais fait, si nous voulions nous étendre sur ce sujet, nous en parlerons plus amplement dans les différens articles qui concernent chaque oiseau.

La transmigration des oiseaux est un autre sujet d'admiration. Rien n'est plus curieux que les allures & les façons de faire de la plupart d'entr'eux, lorsqu'il s'agit du départ : quelques-uns de ceux qui vivent sur les eaux & sur les petits étangs sur lesquels ils ont élevé leurs petits, après un signal donné sans doute, partent tout-à-coup & abandonnent leurs habitations ; mais ce n'est pas encore pour se retirer bien au loin. Le rendez-vous général est sur un des plus grands étangs : c'est là qu'il faut chercher ceux que l'on a vus quelques jours auparavant, & même la veille, dans des endroits assez éloignés ; inutilement les chercheroit-on ailleurs. Ils sont dans cette nouvelle demeure quelque séjour, sans doute pour attendre le rétablissement des infirmes & l'arrivée de quelques traîneurs, ou plutôt un temps favorable & propice pour le voyage résolu, & alors toute la troupe prend l'essor & disparoît. Le passage de quelques oiseaux commence en Mars, & sur la fin de Février, si le froid n'est pas rigoureux ; il continue en Avril & même en Mai ; mais le plus grand se fait en Avril, & c'est dans ce mois qu'arrivent presque tous les oiseaux qui ont le bec menu, & qui se nourrissent d'insectes. Il recommence sur la fin de Juillet, & déja dès ce temps les merles à collier, que l'on voit alors en très-grand nombre, quittent les hautes montagnes qui leur ont servi de retraite pendant la belle saison. Les Becfigues partent aussi dès la fin de ce mois : quand on les rencontre dans leur passage, l'on en trouve un si grand nombre, qu'ils semblent pulluler de tous côtés. En Août, plusieurs especes de Fauvettes, les Rossignols, les Bergeronnettes, les Gobe-mouches & quelques autres, sont des premiers à partir : le passage devient plus considérable, & augmente à mesure qu'on avance dans la saison. Il est des plus nombreux en Octobre ; enfin il finit en Novembre, ou au plus tard au commencement de Décembre ; & l'on ne voit dans ce dernier mois que quelques especes, comme Canards, encore faut-il que les grands froids ne se fassent pas sentir. Cependant si ces oiseaux nous quittent aux approches de l'hyver, d'autres viennent le passer avec nous ; tels sont entr'autres la Litorne, l'Oie sauvage, la Corneille mantelée, la petite Becassine, le Sisin ou petit Chêne, qui paroît par troupes dans les bois & les campagnes, surtout quand les hyvers sont rigoureux. Les Pinçons de montagnes viennent dès la fin de Septembre : on en voit un très-grand nombre sur les hêtres, quand ils sont chargés de faines. Nous ferons mention à l'article de chaque oiseau du temps de leur transmigration, de même que de leurs différentes structures ; & en effet, voici le plan que nous nous proposons de suivre dans cette Histoire Naturelle & Raisonnée des différens Oiseaux qui habitent le Globe, nous ferons d'abord précéder à chacun de leurs articles tous les différens noms triviaux qu'on leur a donné ; nous y joindrons leur dénomination dans les différentes langues de l'Europe, nous en ferons une description exacte, nous désignerons les diverses couleurs de leurs plumages ; nous entrerons même dans quelques détails sur leurs dimensions ; nous ferons mention du temps de leur ponte, de la structure de leurs nids, du nombre & de la grosseur de leurs œufs, & du temps qu'il faut pour les éclorre : nous ferons en outre connoître leurs différentes mœurs, & les caracteres qui leur sont propres, & nous finirons enfin ce qui concerne chacun d'eux par les différens avantages qu'on en peut retirer, tant pour la médecine, que pour les usages économiques. Cette histoire renferme deux Parties, la premiere concerne les Oiseaux de la Ménagerie du Roi, qui ont été peints par le fameux Robert, & qui se trouvent actuellement dans le Cabinet des Estampes du Roi : ces desseins peints sont encore aujourd'hui l'admiration des Curieux : ce grand Peintre Naturaliste les a lui-même gravé dans vingt-trois Planches. Le sieur Desnos a acquis par un hasard heureux ces Planches, & il en a enrichi cette premiere Partie ; il les fait même enluminer avec soin sur les originaux du Cabinet du Roi en faveur des Amateurs : nous n'avons suivi dans cette premiere Partie d'autre ordre que celui des Planches, notre principal but étant d'en donner seulement l'explication. La seconde Partie de cet Ouvrage est la traduction de l'Ouvrage de Jonston sur les Oiseaux.

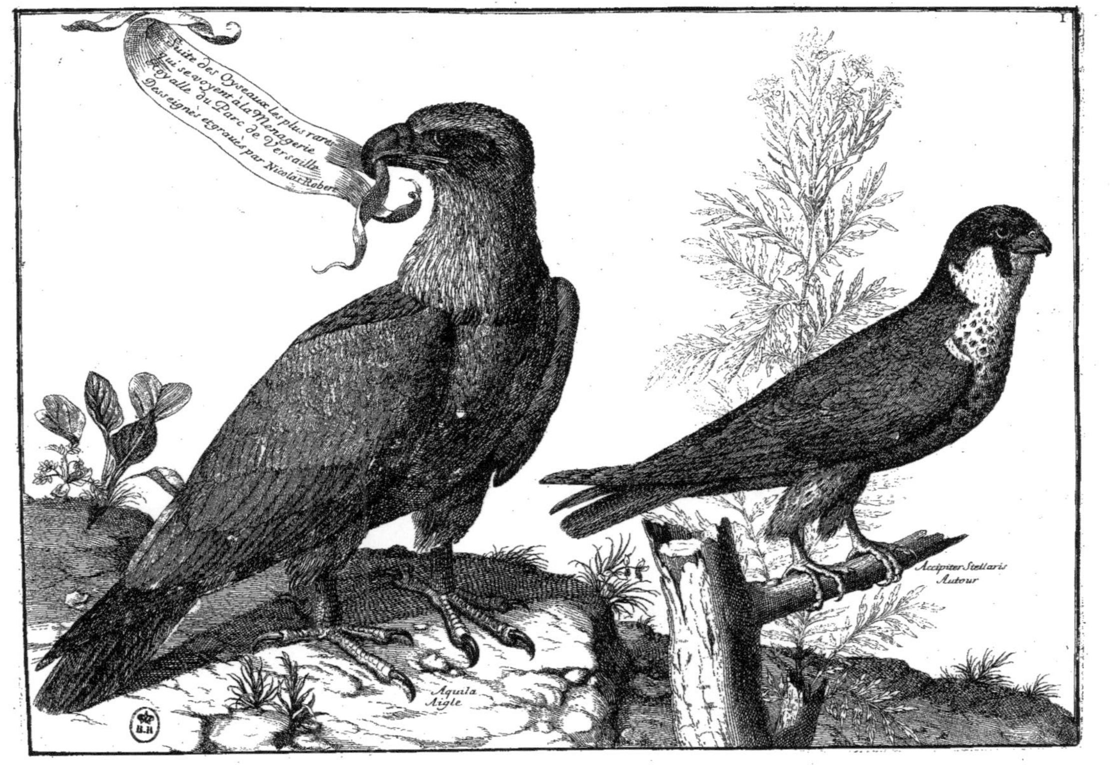
Suite des Oyseaux les plus rares
qui se voyent à la Menagerie
Royalle du Parc de Versailles
Desseignès et graués par Nicolas Robert
Aquila
Aigle
Accipiter Stellaris
Autour

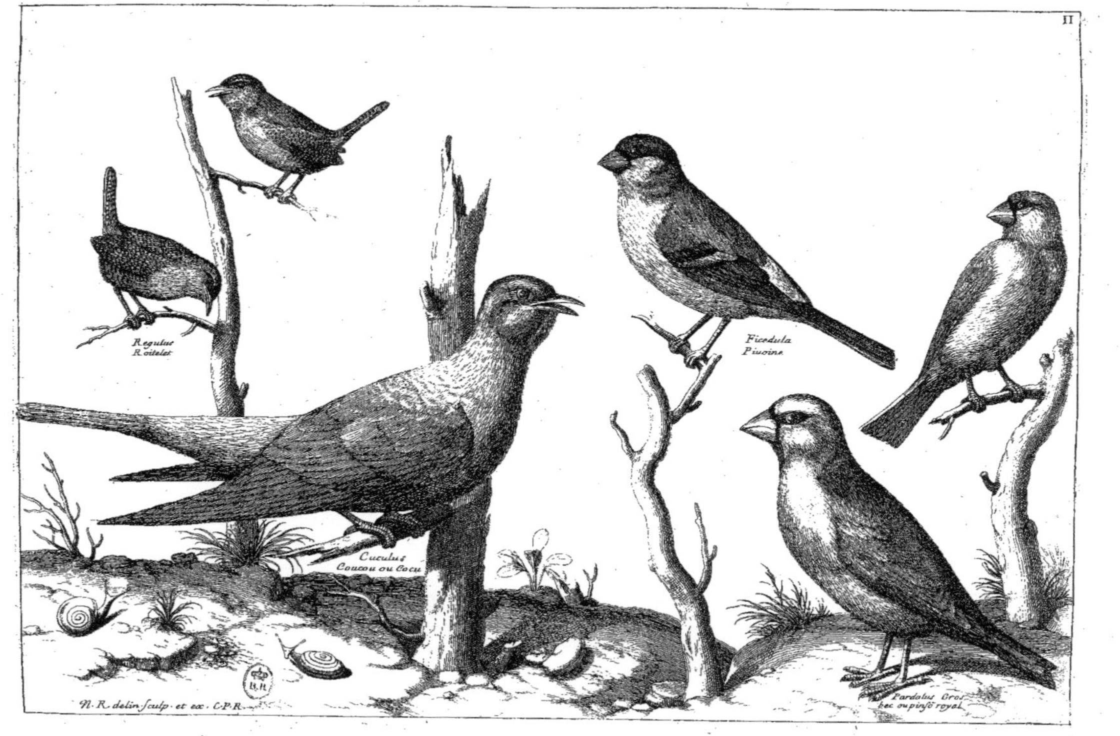
II
Regulus
Roitelet
Cuculus
Coucou ou Cocu
Ficedula
Piuoine
Pardalus Gros
bec ou pinsõ royal
N. R. delin. sculp. et ex. C.P.R.

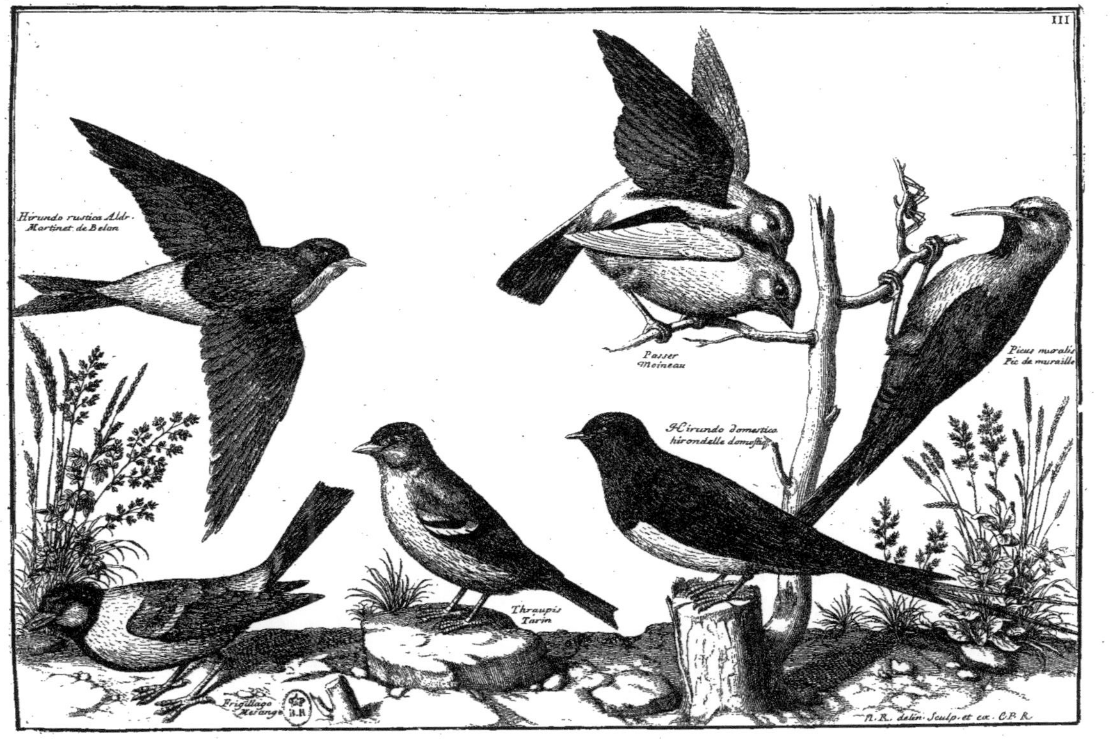
III
Hirundo rustica Aldr.
Martinet de Belon
Passer
Moineau
Picus muralis
Pic de muraille
Hirundo domestica
hirondelle domestiq.
Thraupis
Tarin
Frigillago
Mésange
N. R. delin. Sculp. et ex. C. P. R.

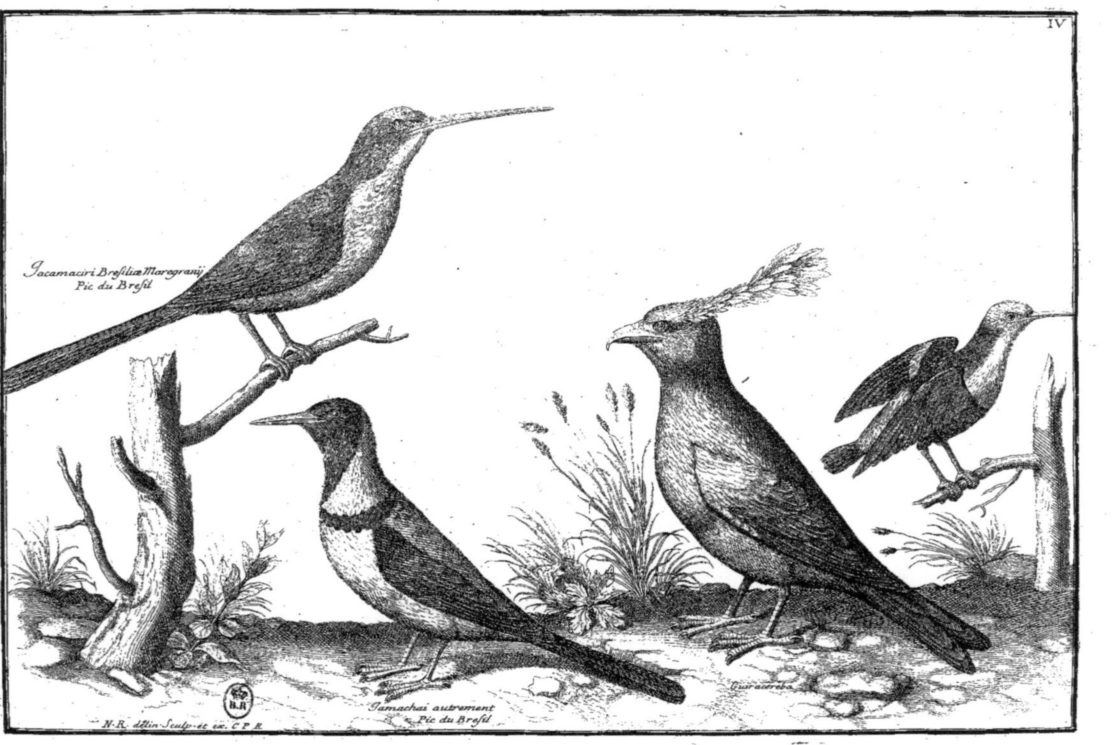
IV
Iacamaciri Brasiliæ Marcgravij
Pic du Bresil
Iamachai autrement
Pic du Bresil
Guiracereba
N·R· delin·Sculp·et ex. C P R

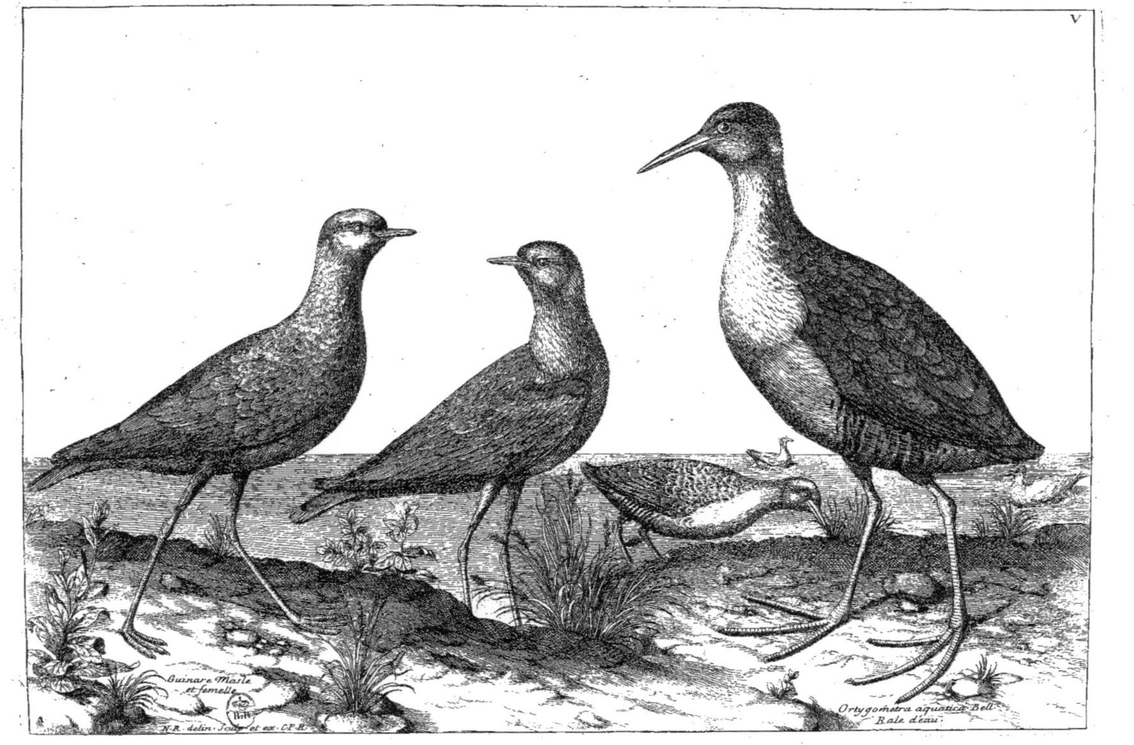
V
Guinare Masle
et femelle
N.R. delin. Sculp. et ex. C.P.R.
Ortygometra aquatica Bell.
Rale d'eau.

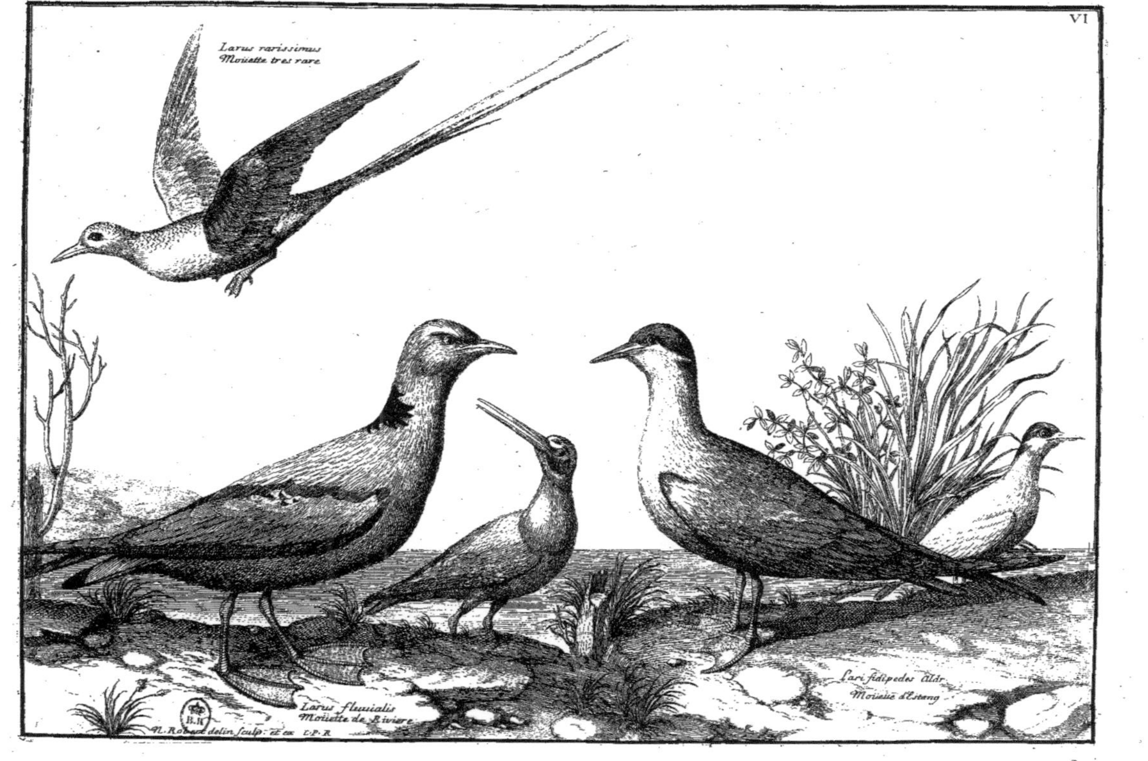
VI
Larus rarissimus
Mouette tres rare
Larus fluuialis
Mouette de Riviere
Lari fidipedes Aldr.
Mouette d'Estang
B.K
N. Robert delin. sculp. et ex. C.P.R.

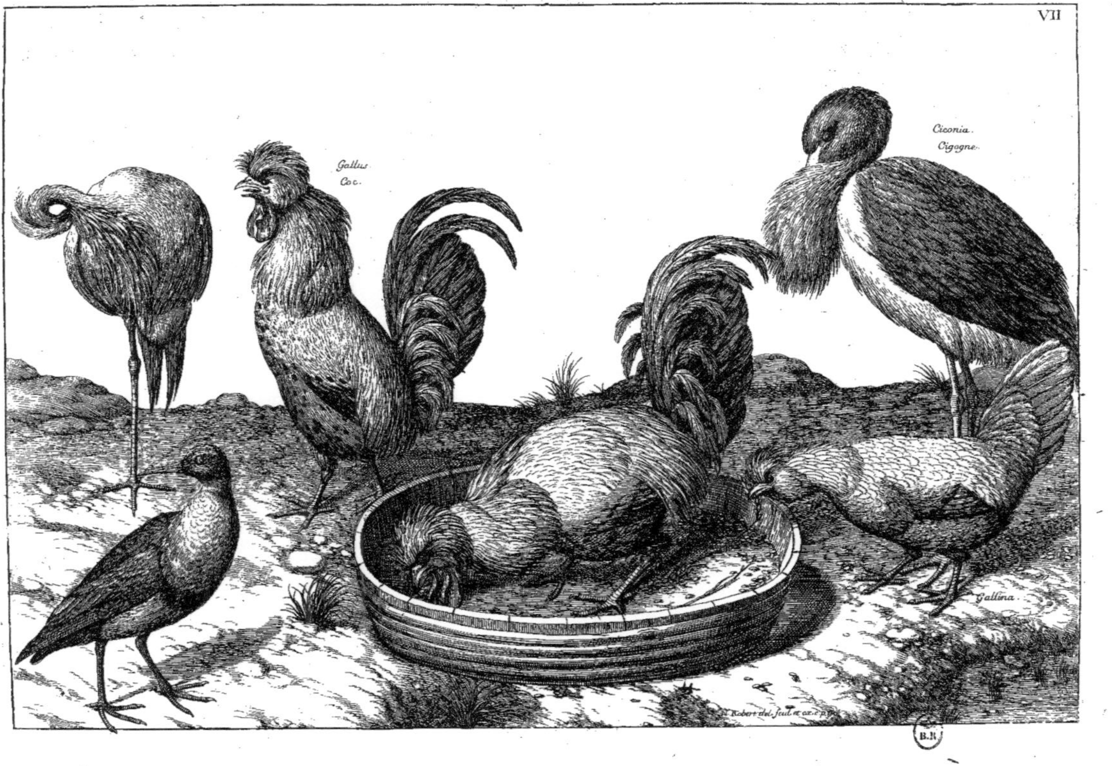
VII
Gallus.
Coc.
Ciconia.
Cigogne.
Gallina.

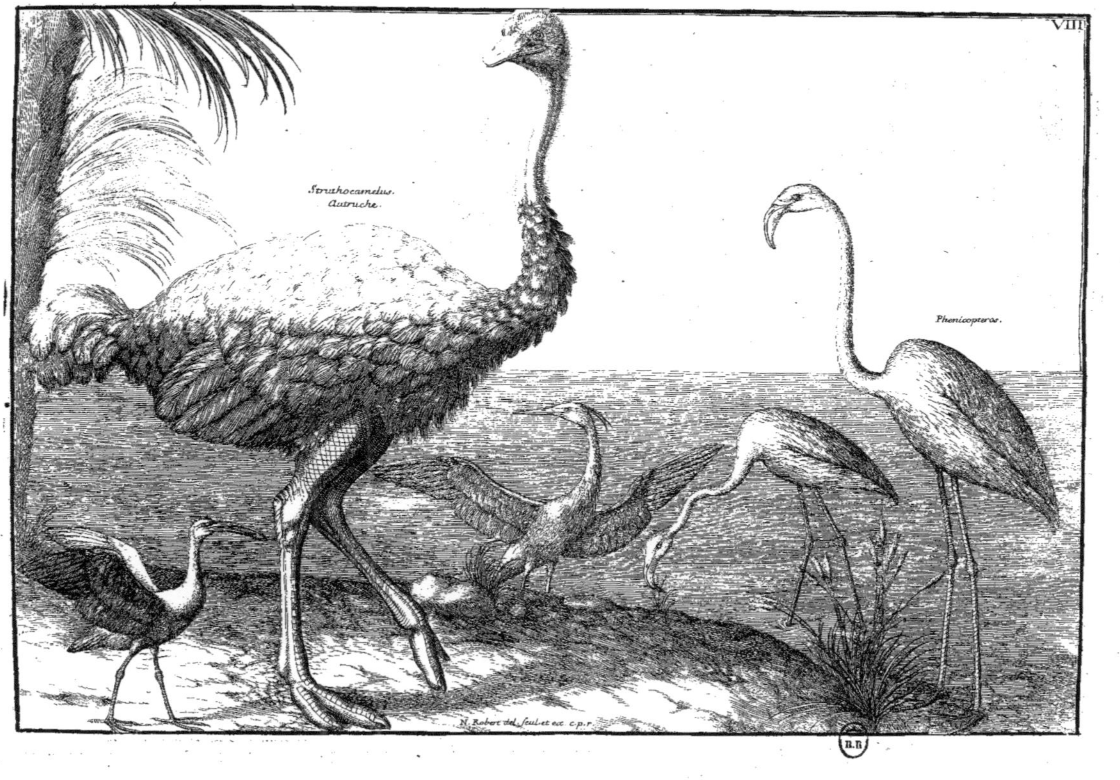
VIII
Struthocamelus.
Autruche.
Phenicopteros.
N. Robert del. Sculp. et exc. c.p.r.

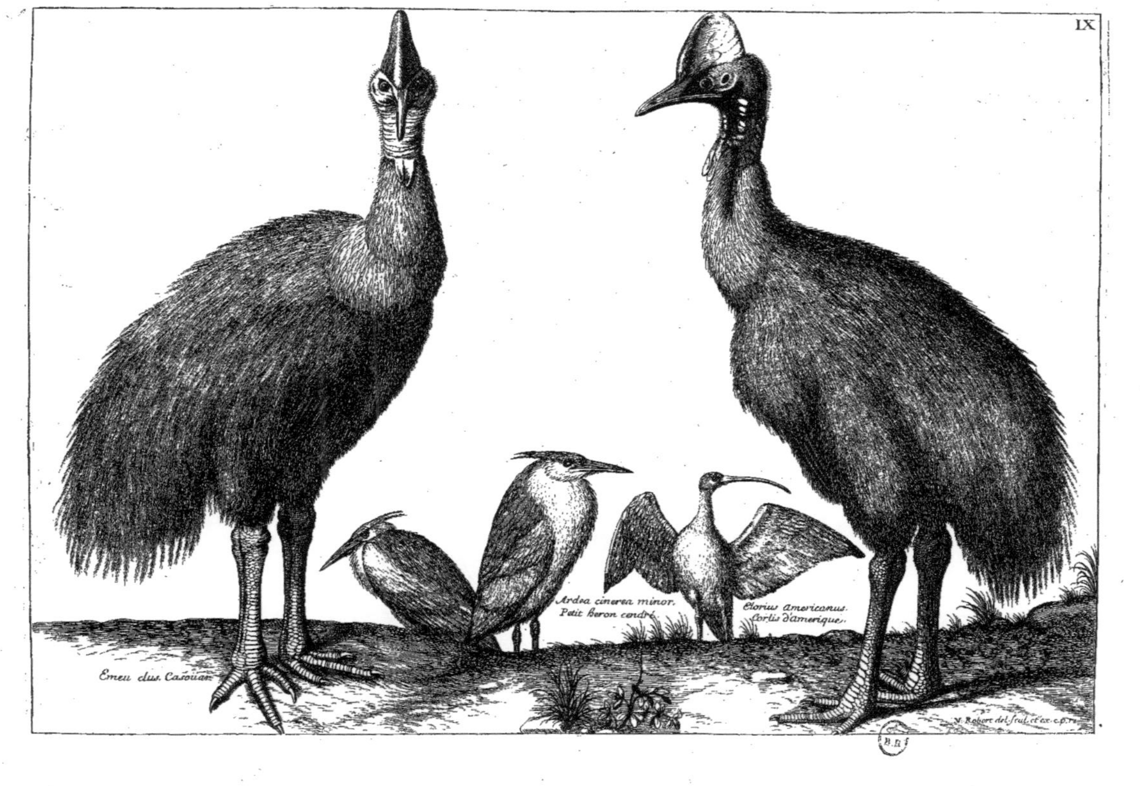

LX
Emeu dius Casoüar
Ardea cinerea minor.
Petit heron cendré.
Elorius americanus.
Corlis d'amerique.

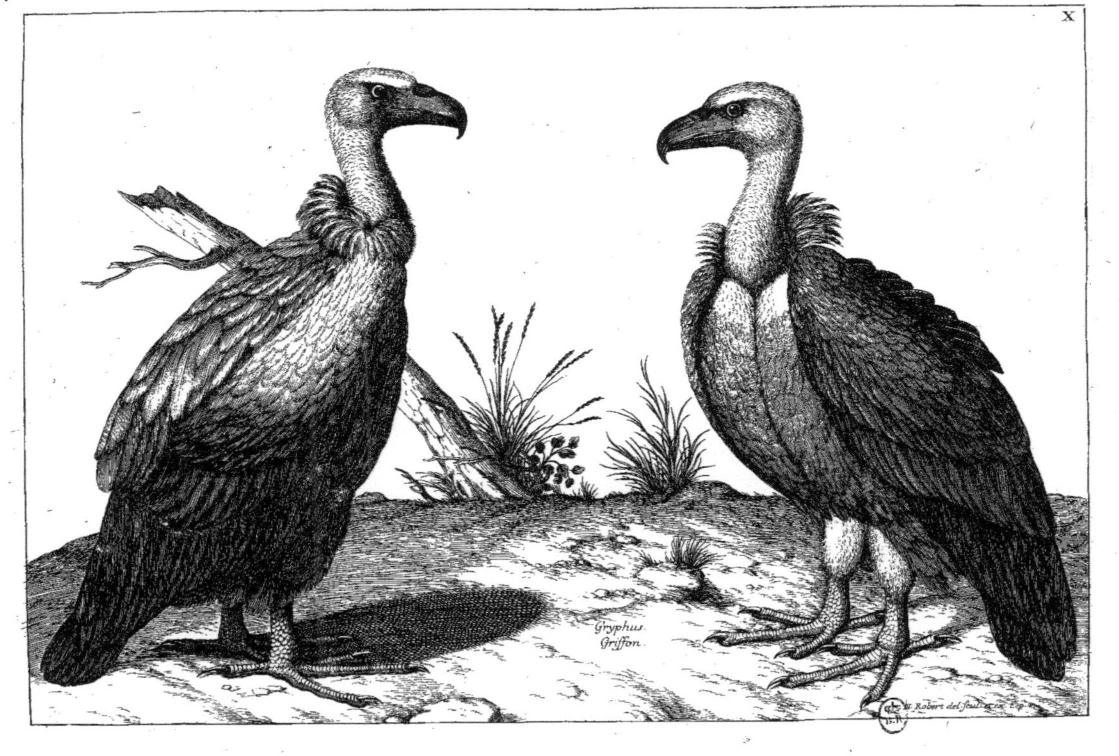
X
Gryphus.
Griffon.
Robert del.

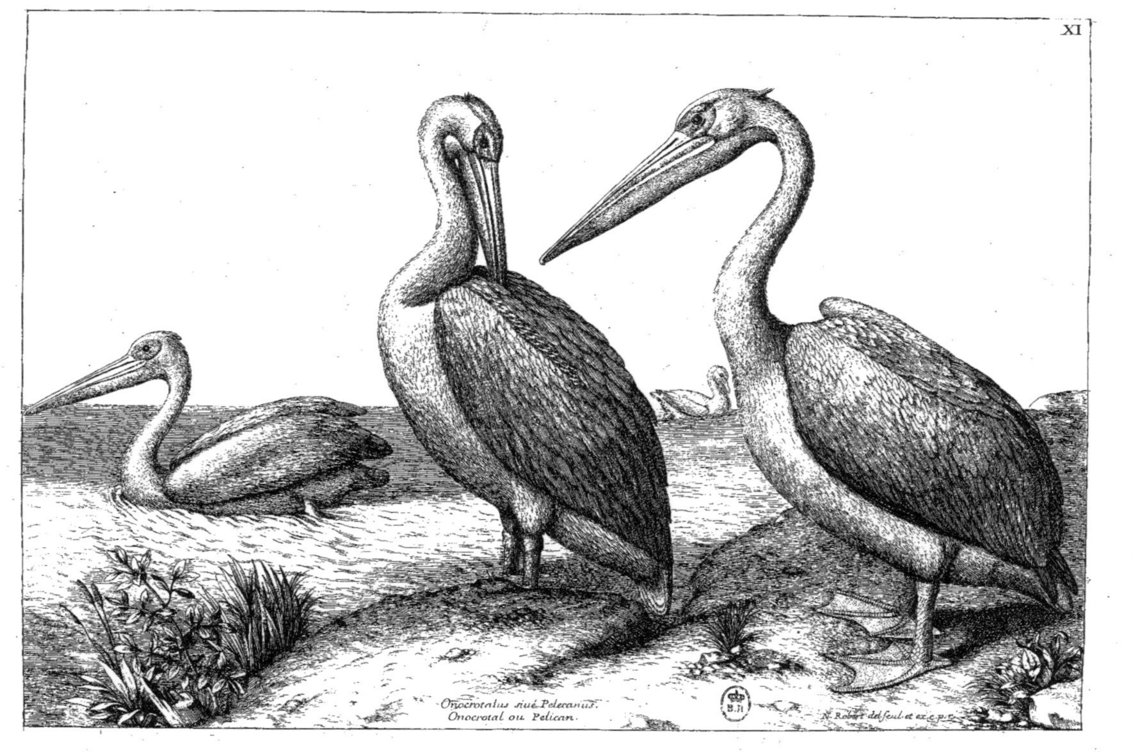
XI
Onocrotalus siue Pelecanus.
Onocrotal ou Pelican.
N. Robert del. sculp. et ex. c. p. r.

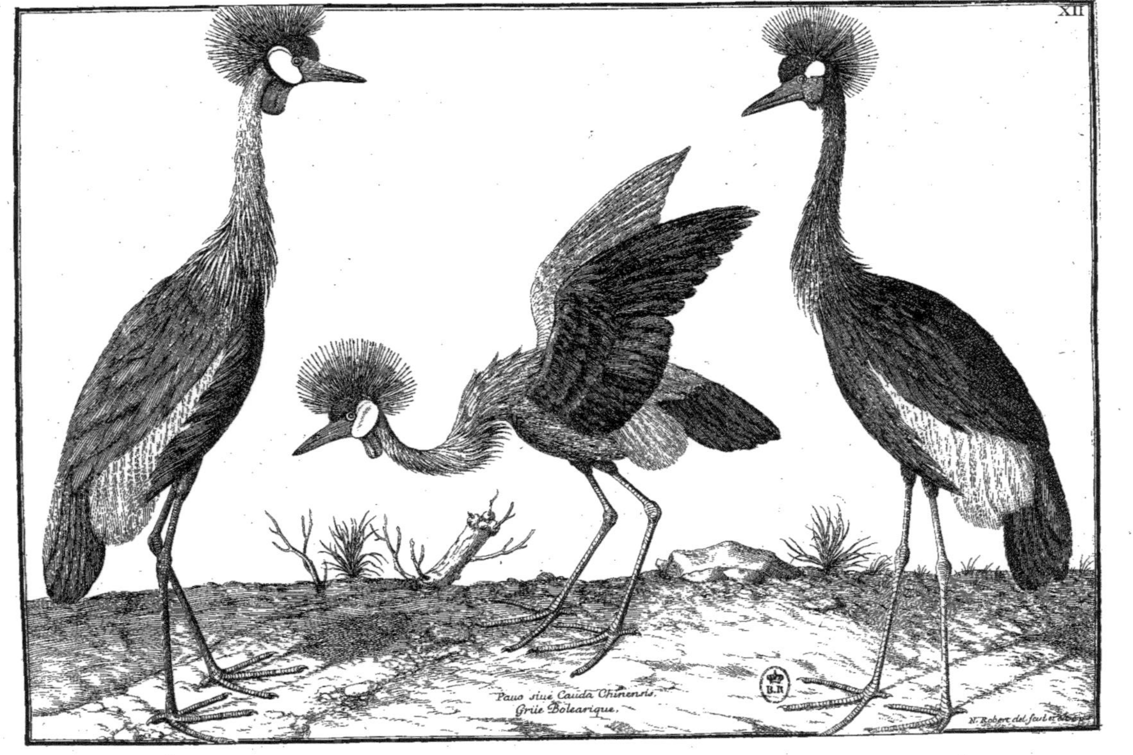

Pavo sive Cauda Chinensis.
Grüe Bolearique.

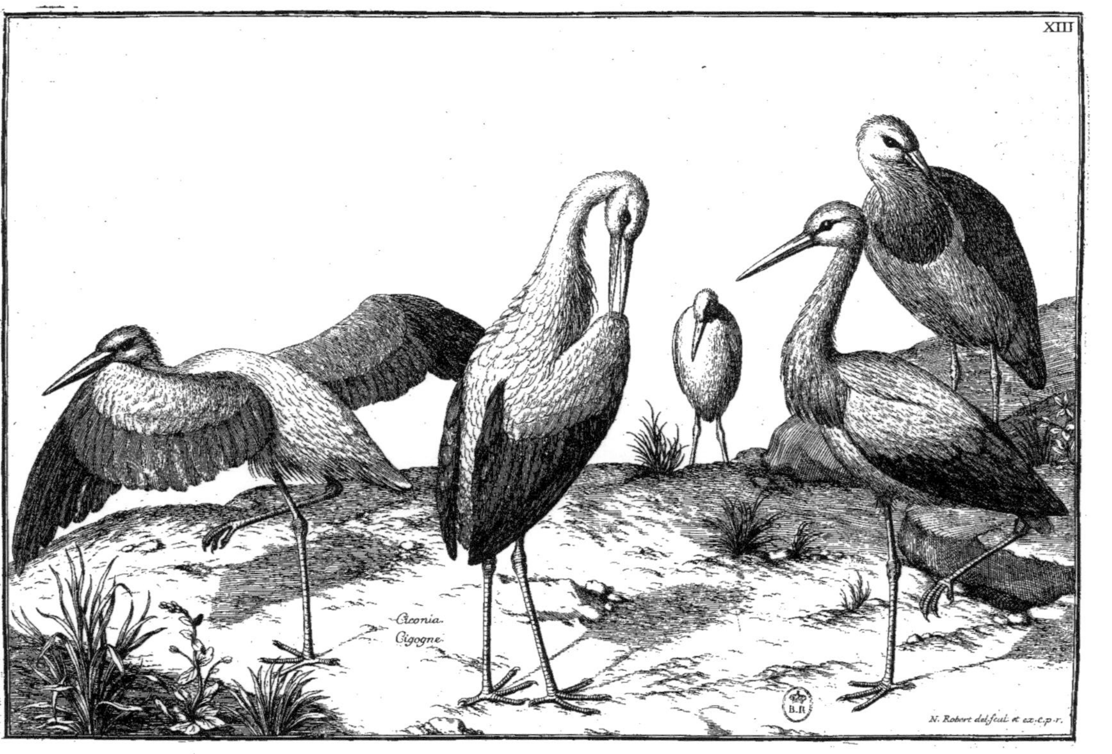
XIII
Ciconia.
Cigogne.
B.R
N. Robert del. sculp. et ex. c. p. r.

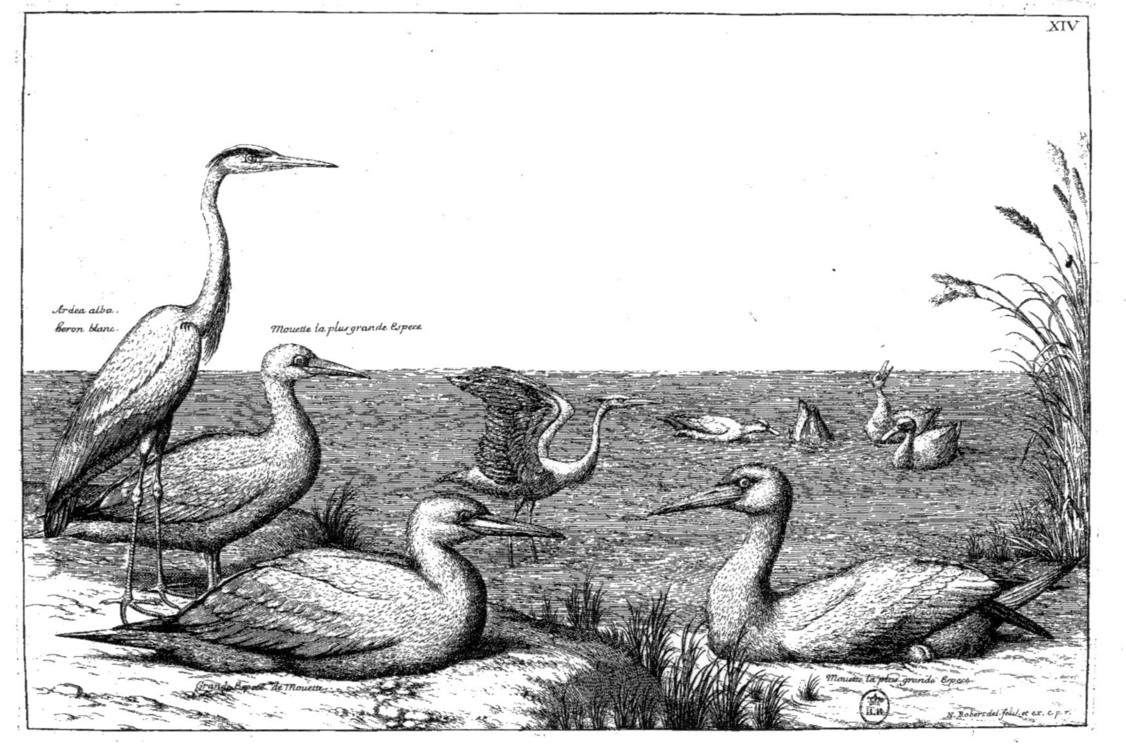
XIV
Ardea alba.
Heron blanc.
Mouette la plus grande Espece
Grande Espece de Mouette.
Mouette la plus grande Espece.
N. Robert del. fecit et ex. c.p.r.

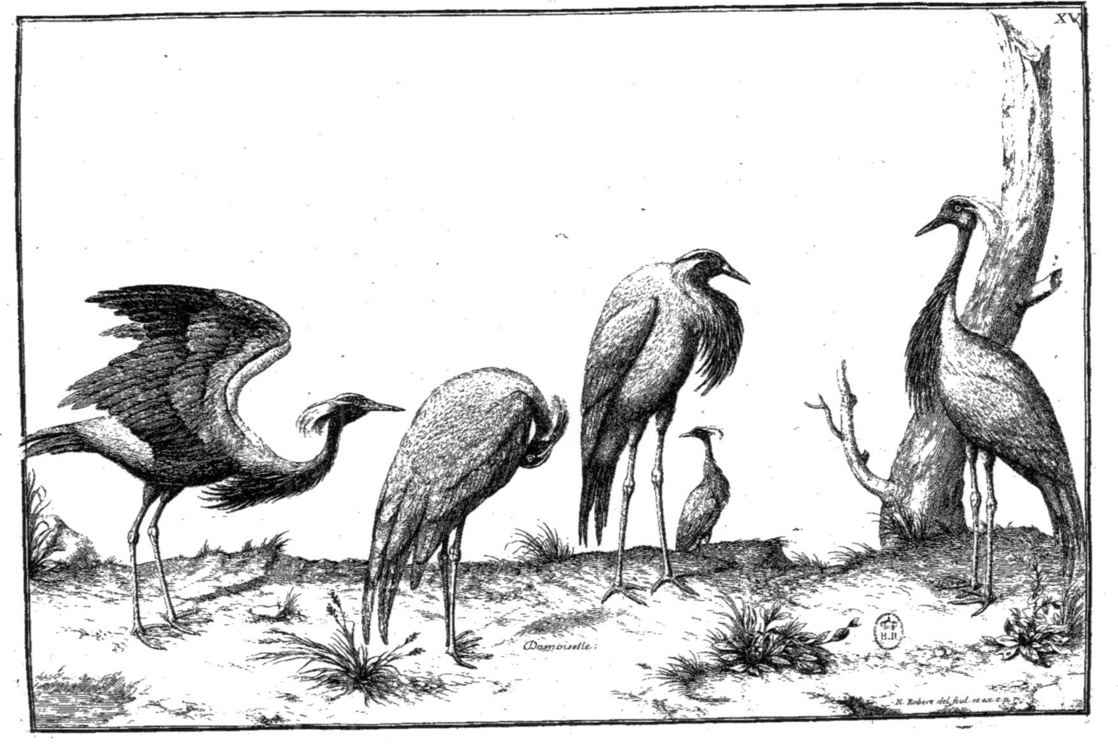
XV
Damoiselle.
N. Robert del. sculp. et ex.

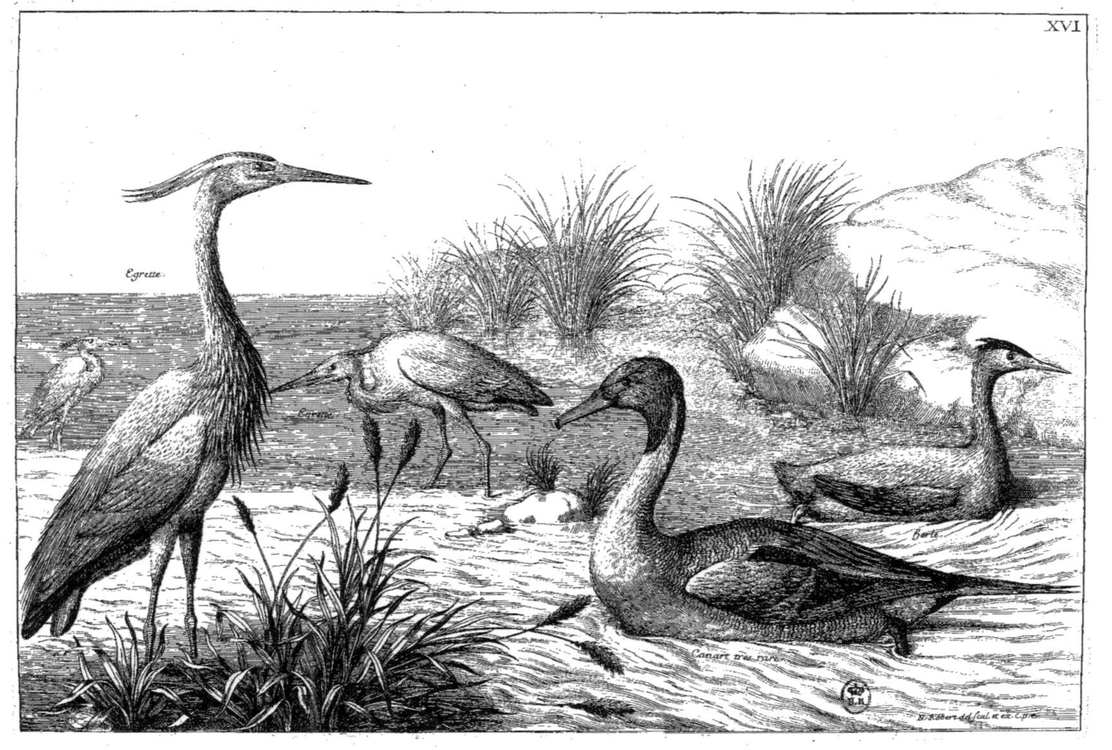
XVI
Egrette.
Egrette.
Herle.
Canart tres rare.
N. Robert del. scul. et ex. C.p.R.

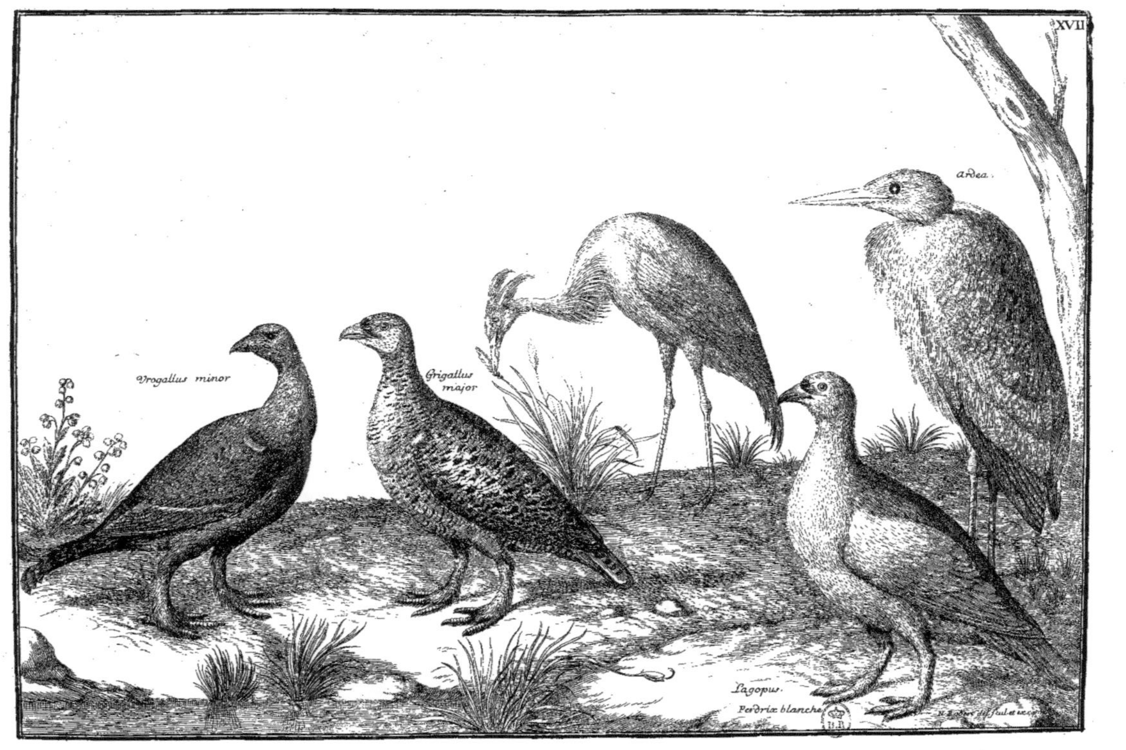
XVII
Ardea.
Vrogallus minor
Grigallus
major
Lagopus.
Perdrix blanche

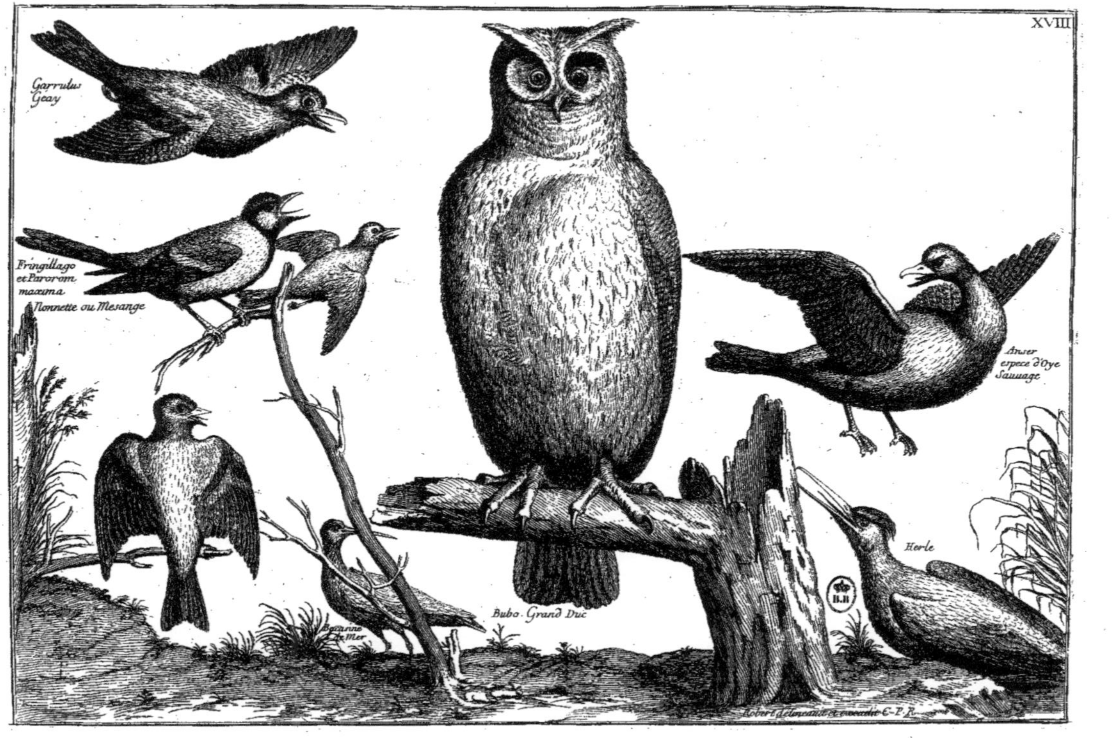
XVIII
Garrulus
Geay
Fringillago
et Parorom
maxima
Nonnette ou Mesange
Bubo. Grand Duc
Anser
espece d'Oye
Sauuage
Herle

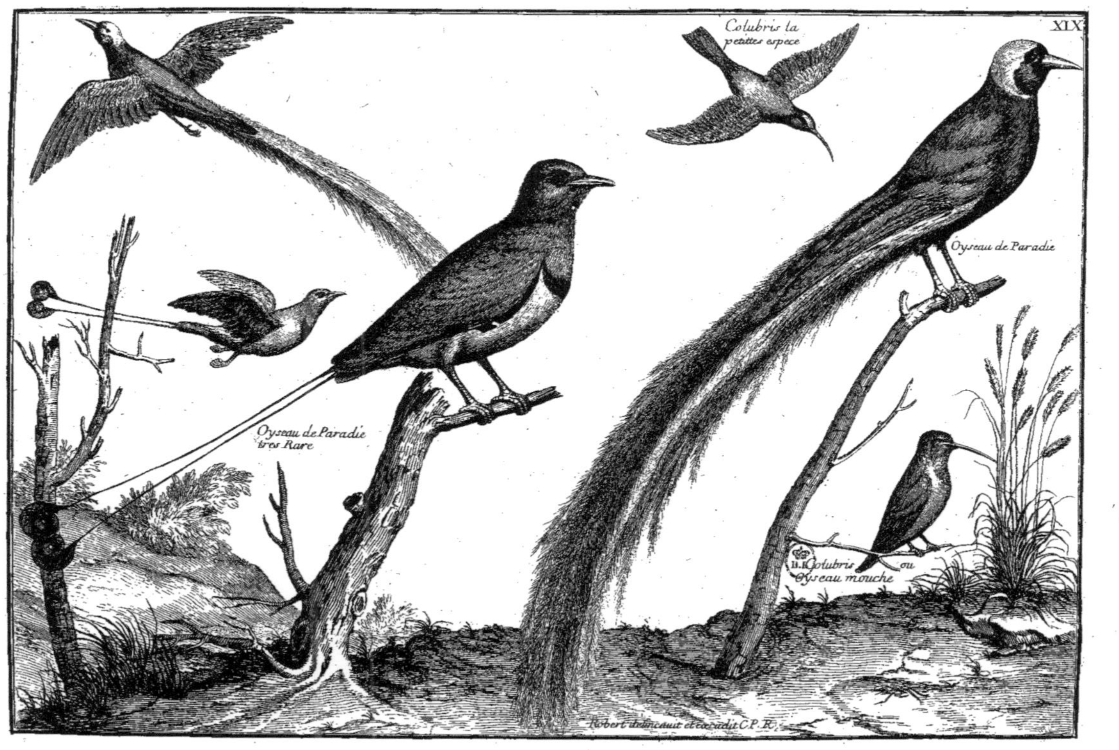
XIX
Colubris la
petittes espece
Oyseau de Paradie
Oyseau de Paradie
tres Rare
Colubris ou
Oyseau mouche

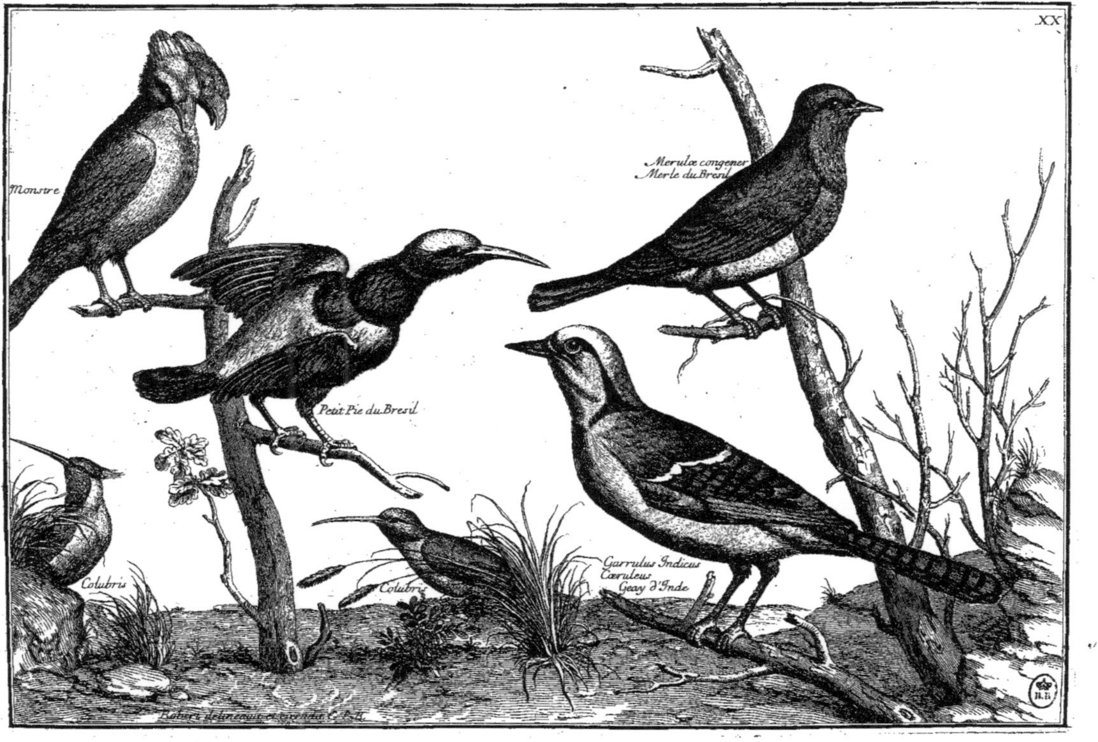
XX
Monstre
Merulæ congener
Merle du Bresil
Petit Pie du Bresil
Colubris
Colubris
Garrulus Indicus
Cœruleus
Geay d'Inde

XXI

Puffinus
Glaucium Minus
petit Morillon
Anaticula fera
Canette Sauuage

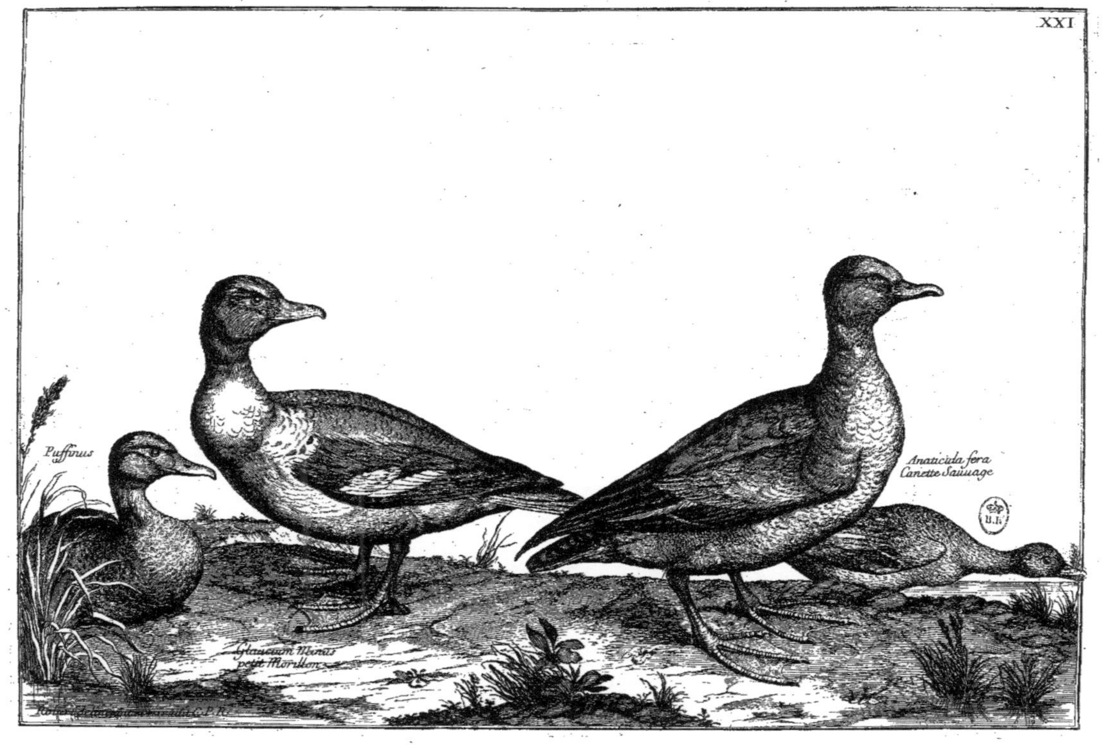

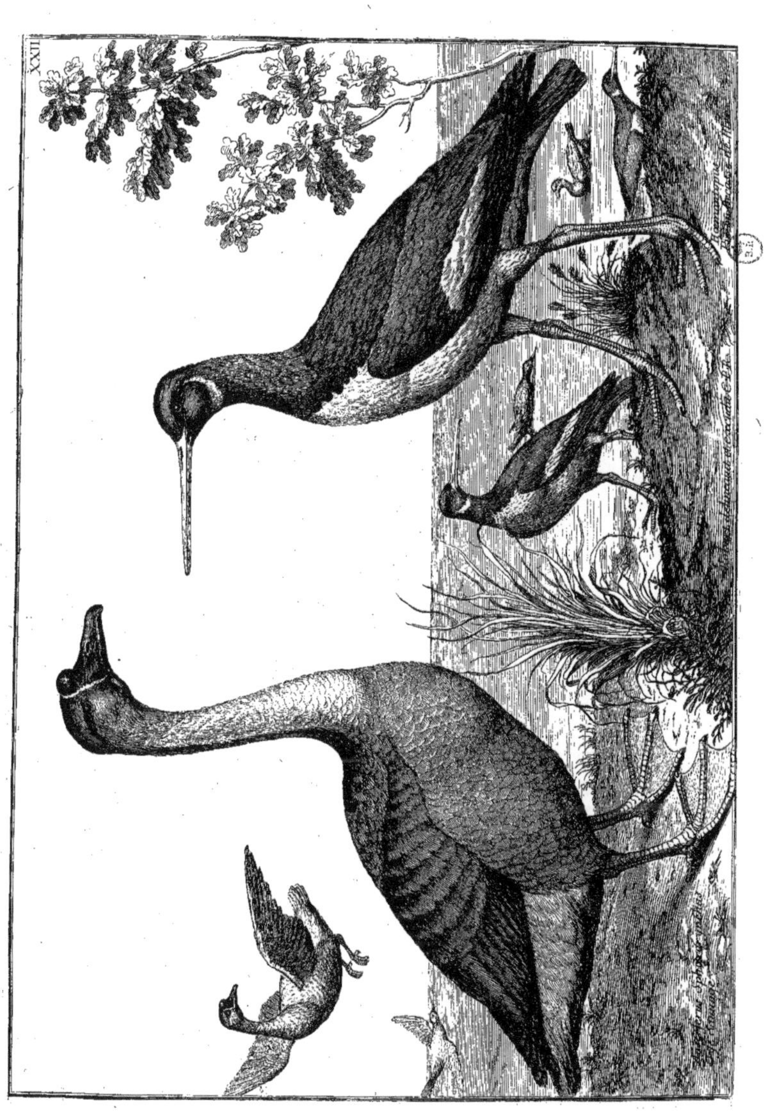

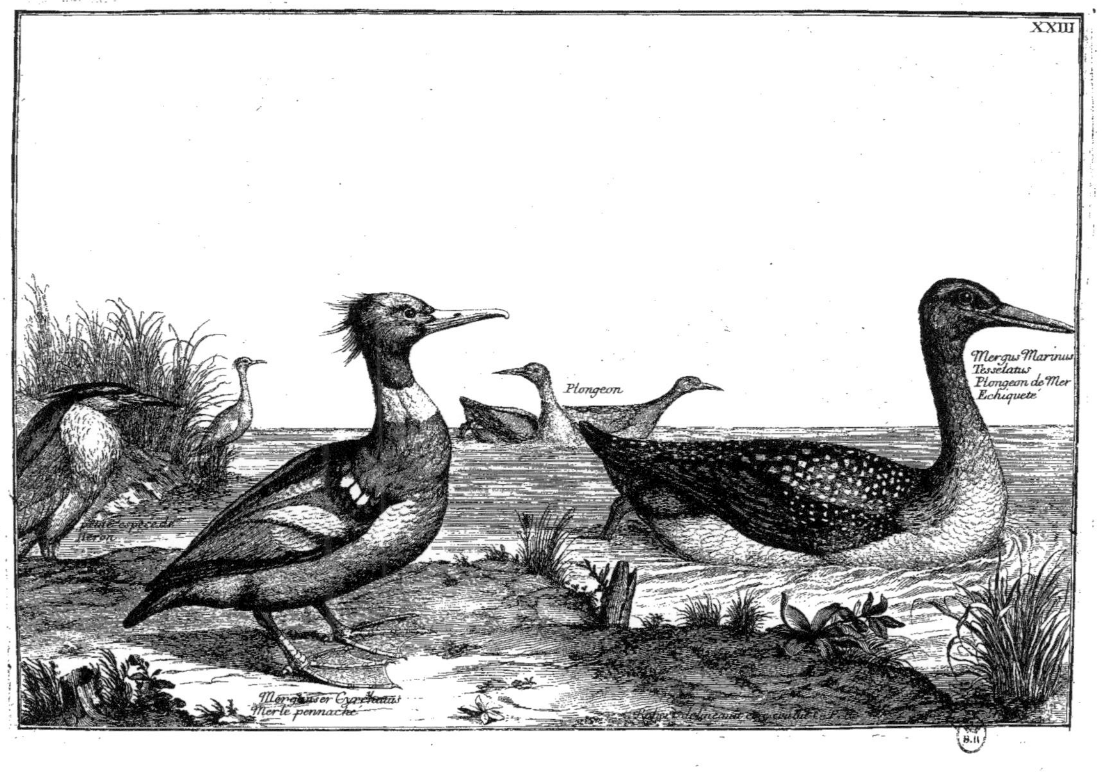
XXIII
Mergus Marinus
Tesselatus
Plongeon de Mer
Echiqueté
Plongeon
Merganser
Merle pennaché

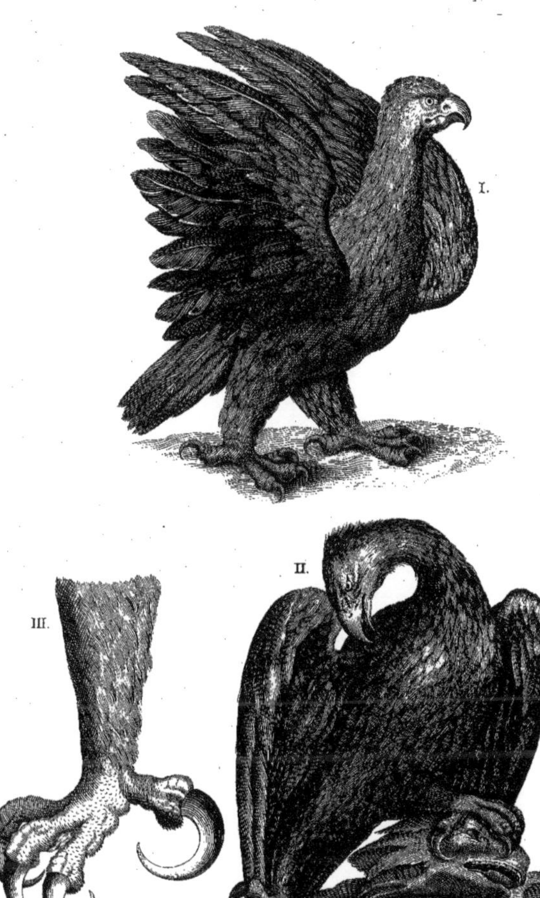
I.
II.
III.

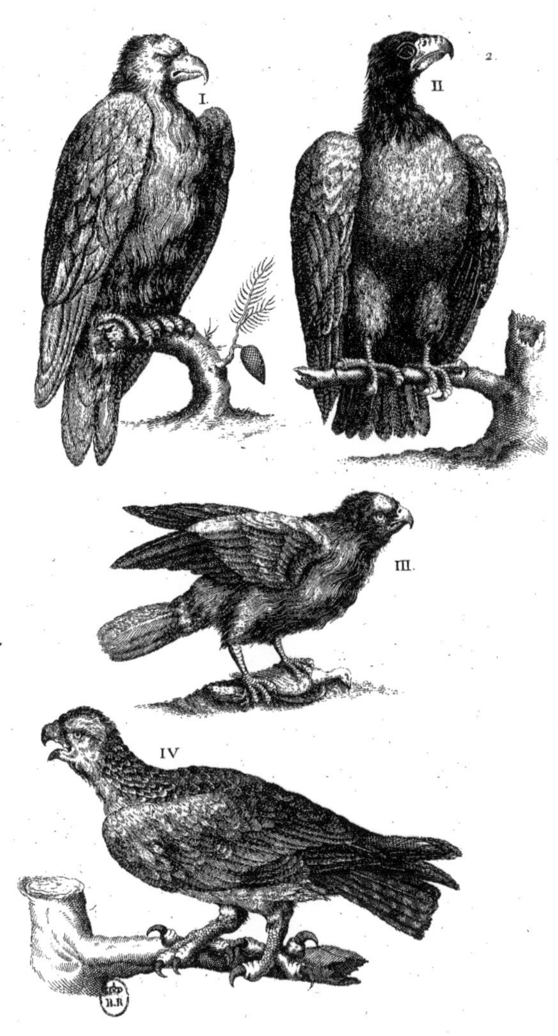

I.
2.
II
III.
IV

3.

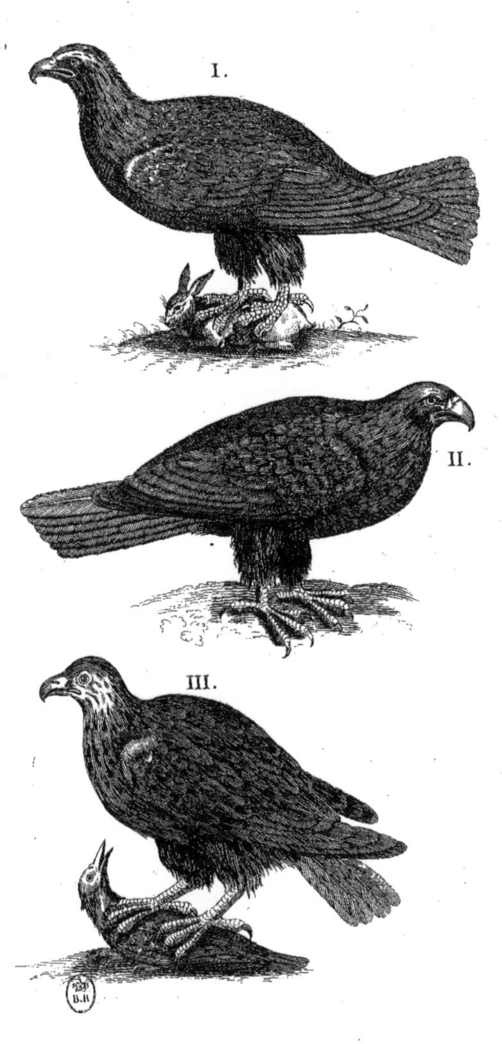

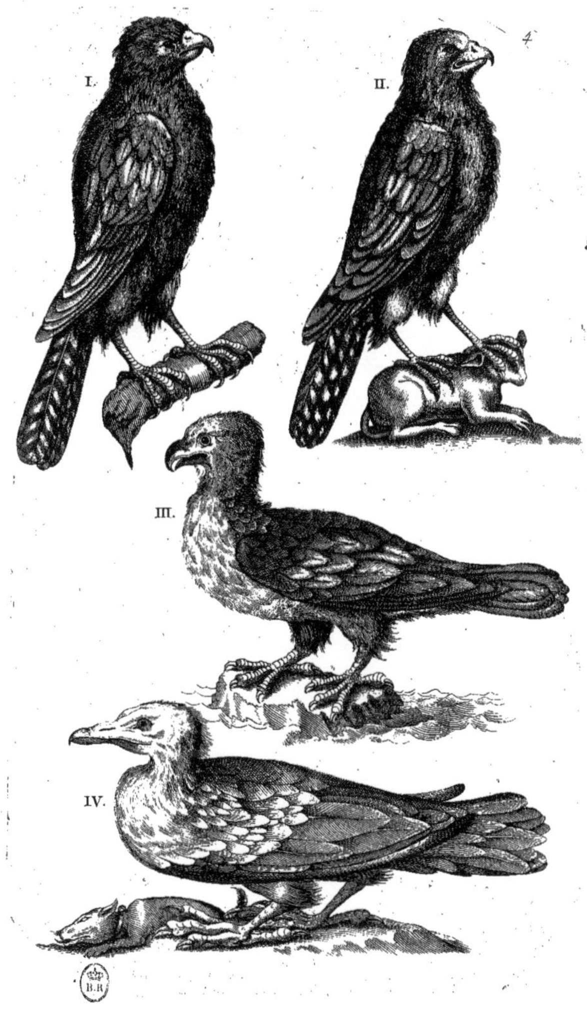
I.
II.
III.
IV.

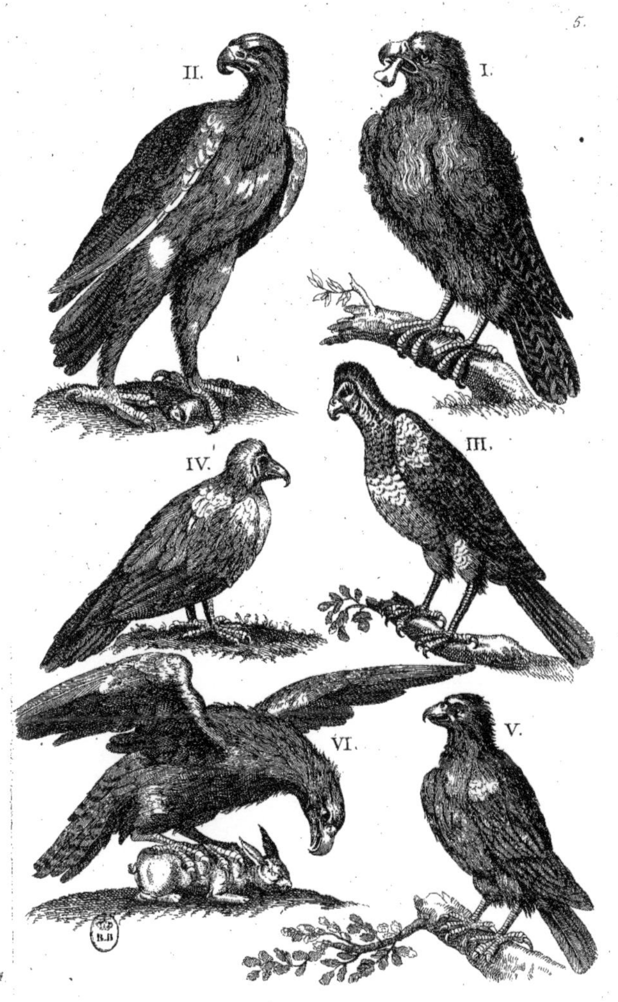
5.
II.
I.
IV.
III.
VI.
V.

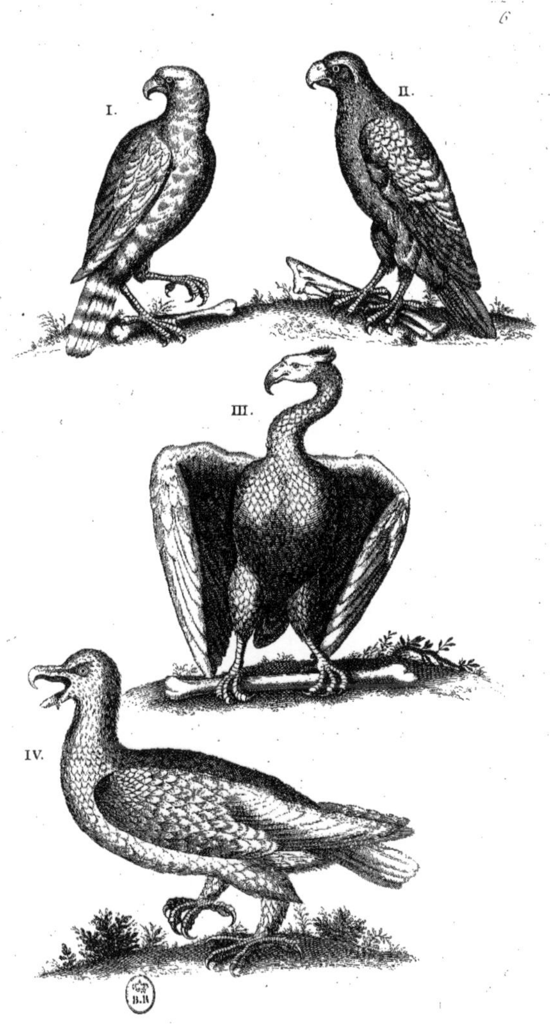
I.
II.
III.
IV.

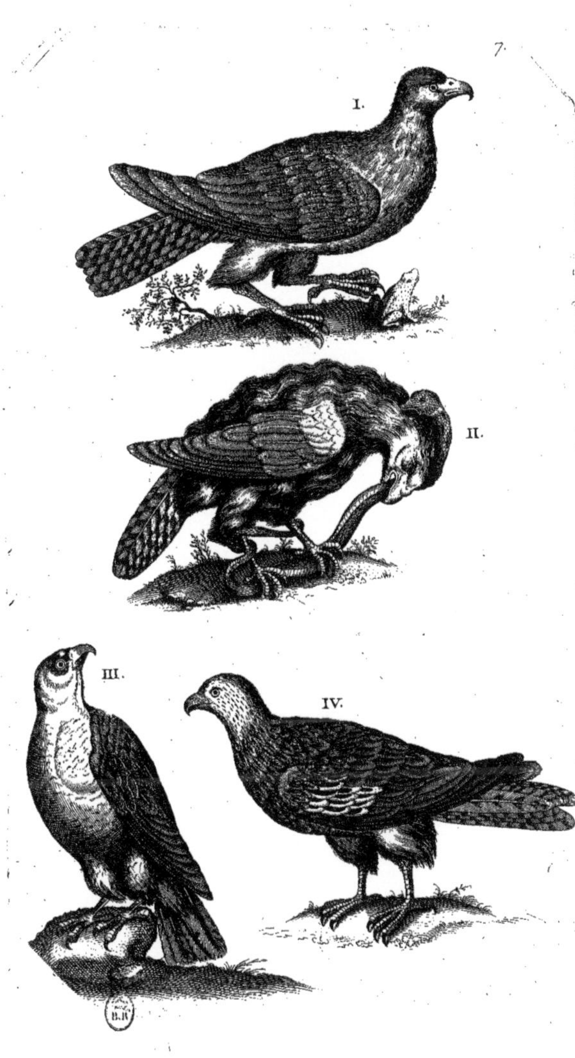
I.
II.
III.
IV.

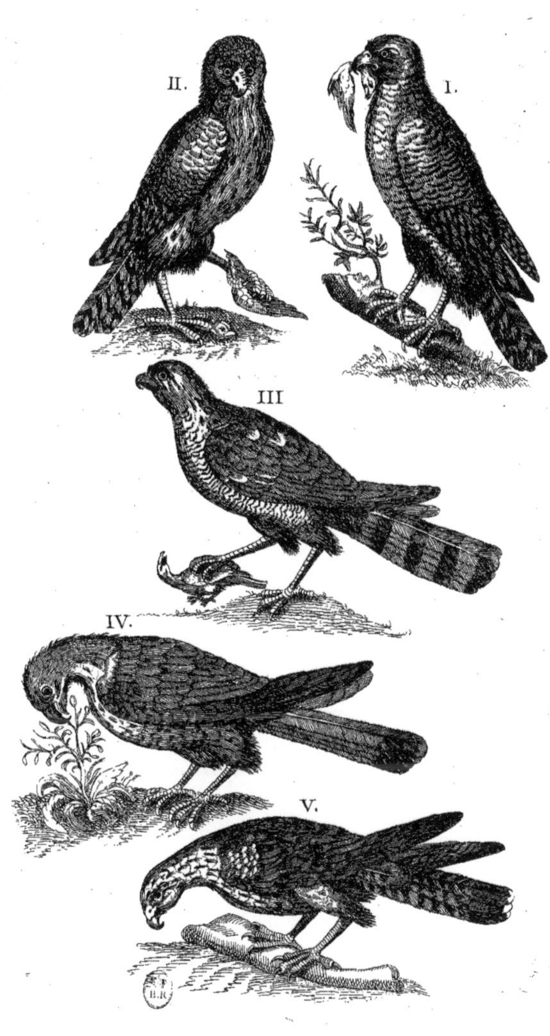
II.
I.
III
IV.
V.

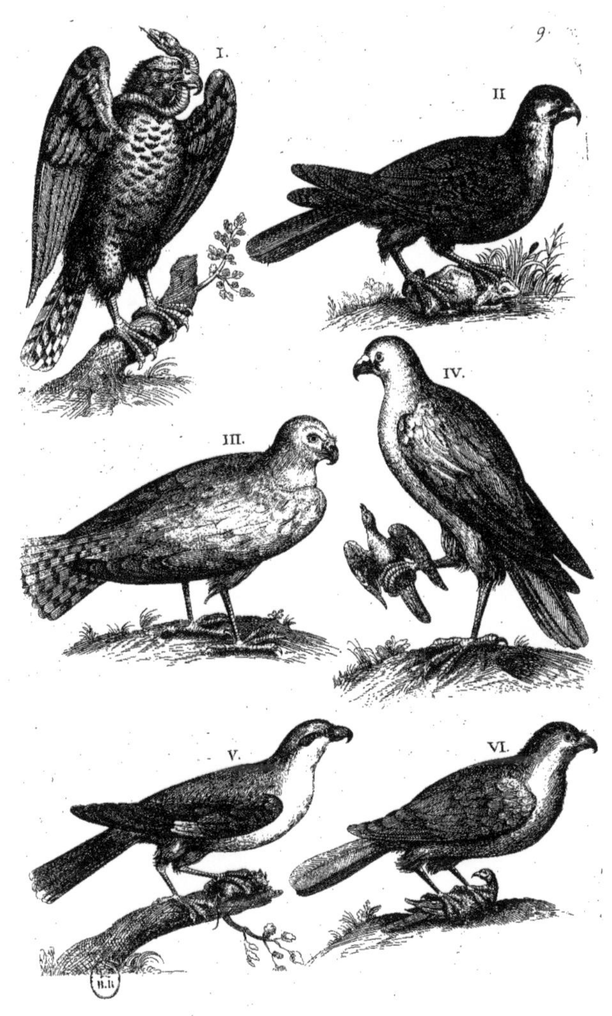
9.
I.
II
III.
IV.
V.
VI.

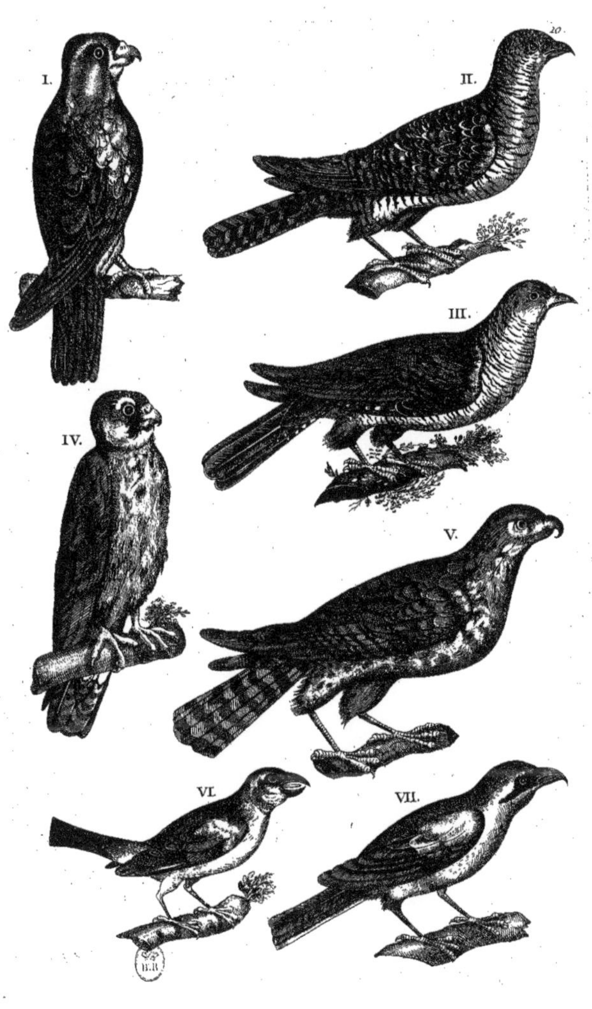
20
I.
II.
III.
IV.
V.
VI.
VII.

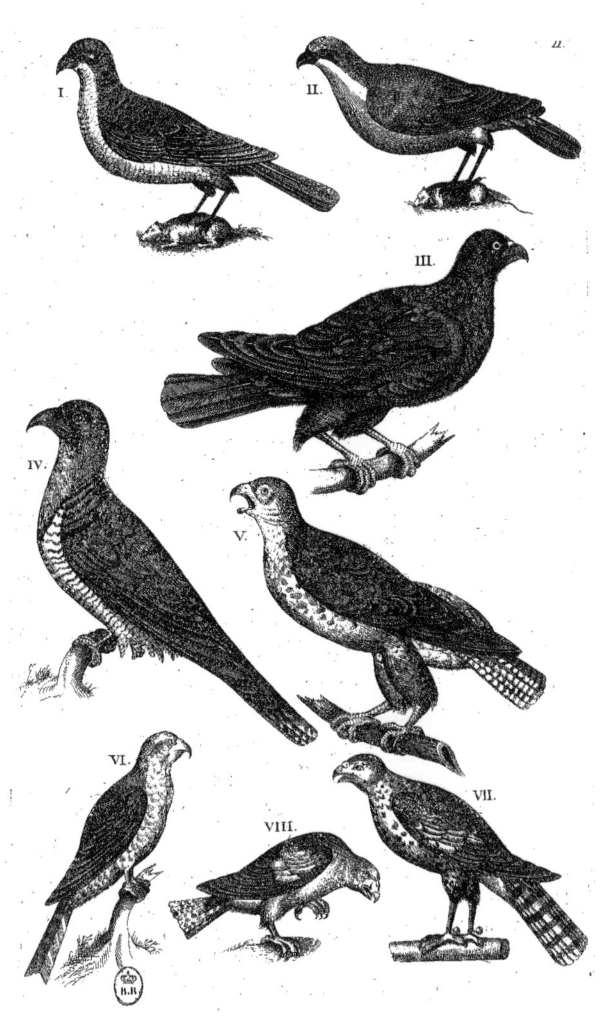
I.
II.
III.
IV.
V.
VI.
VIII.
VII.

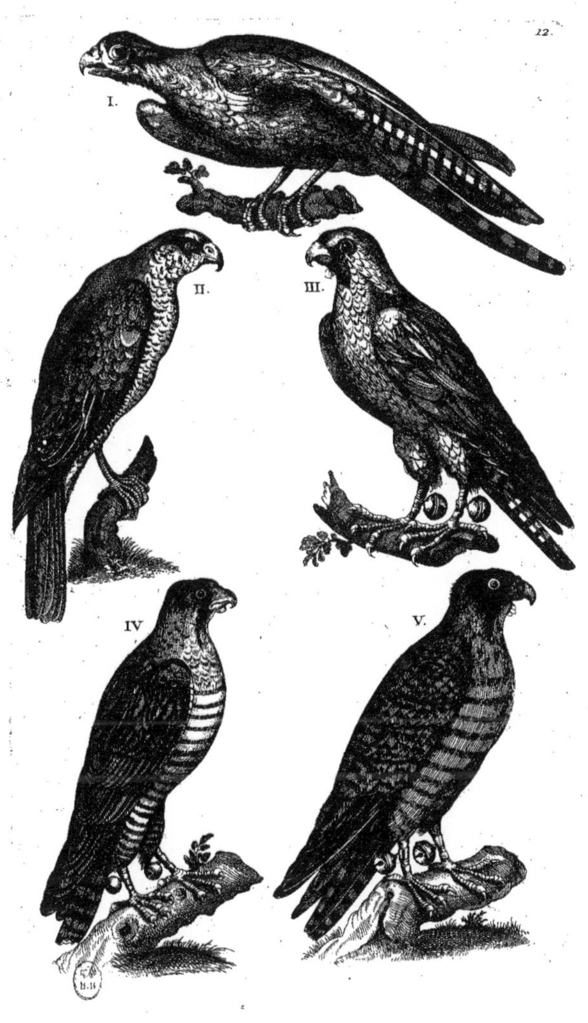
12.
I.
II.
III.
IV
V.

13.

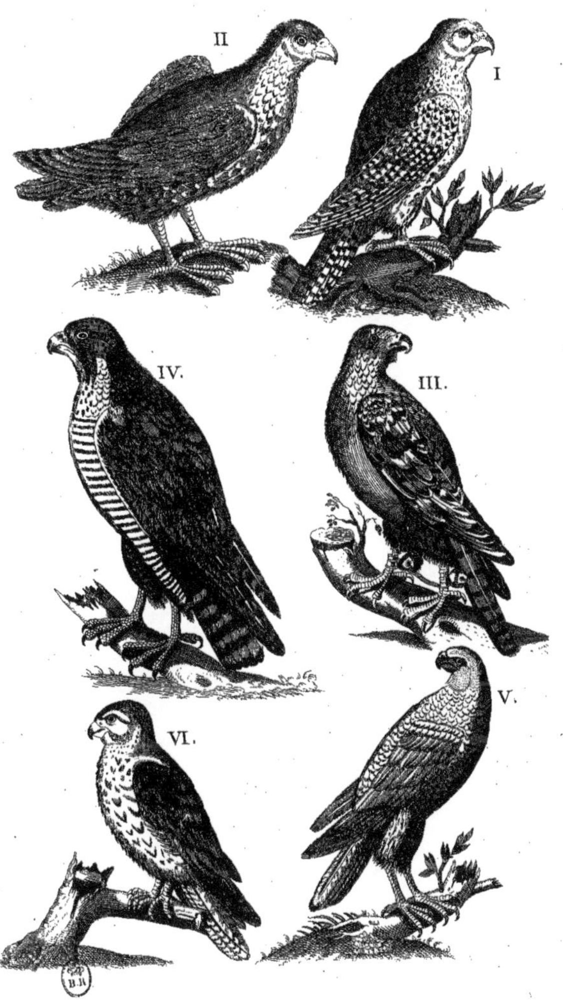
II
I
IV.
III.
V.
VI.

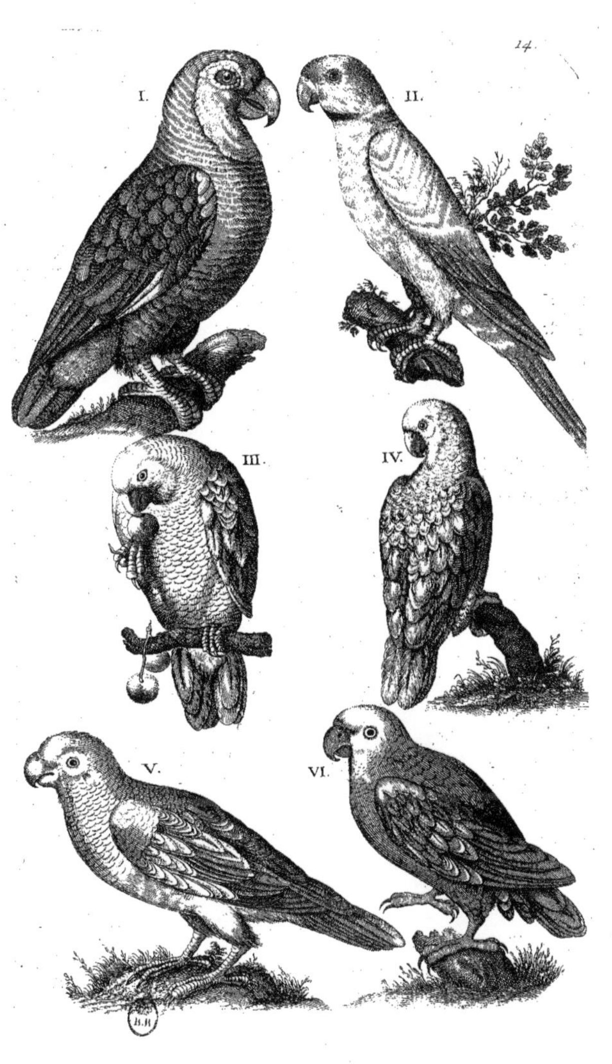
14.
I.
II.
III.
IV.
V.
VI.

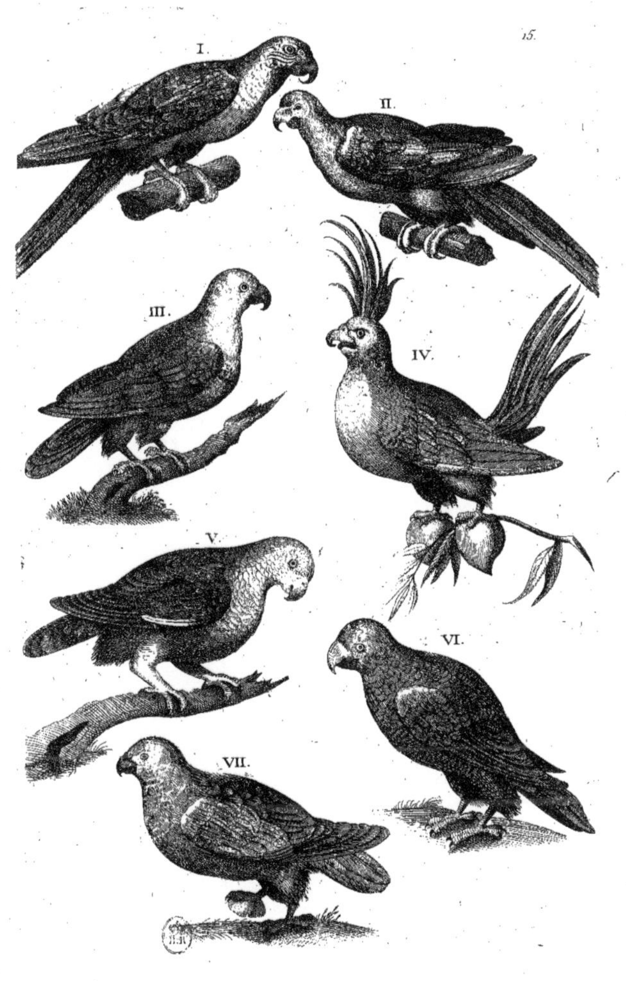
15.
I.
II.
III.
IV.
V.
VI.
VII.

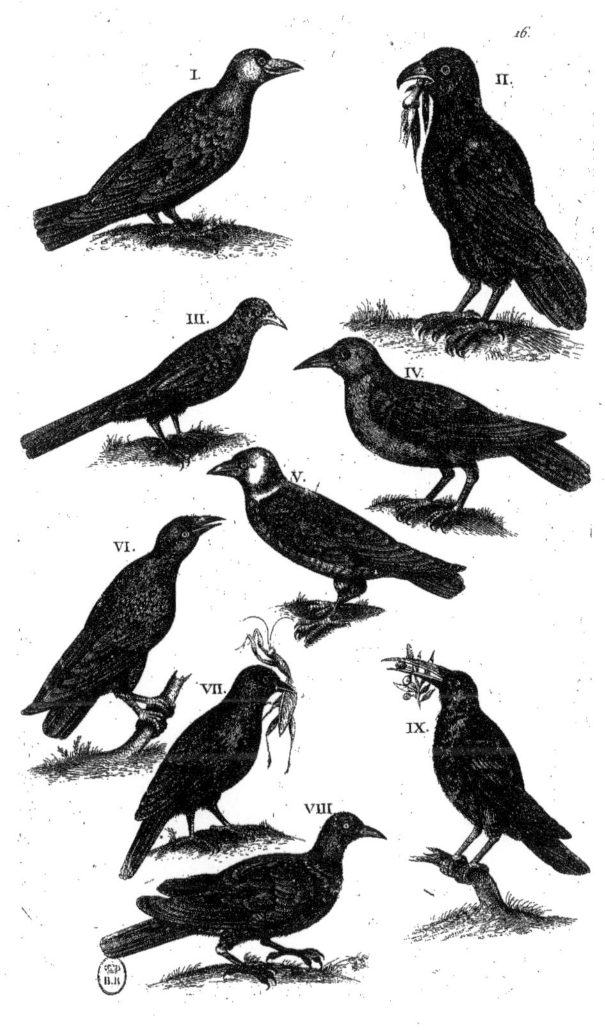
16.
I.
II.
III.
IV.
V.
VI.
VII.
VIII.
IX.

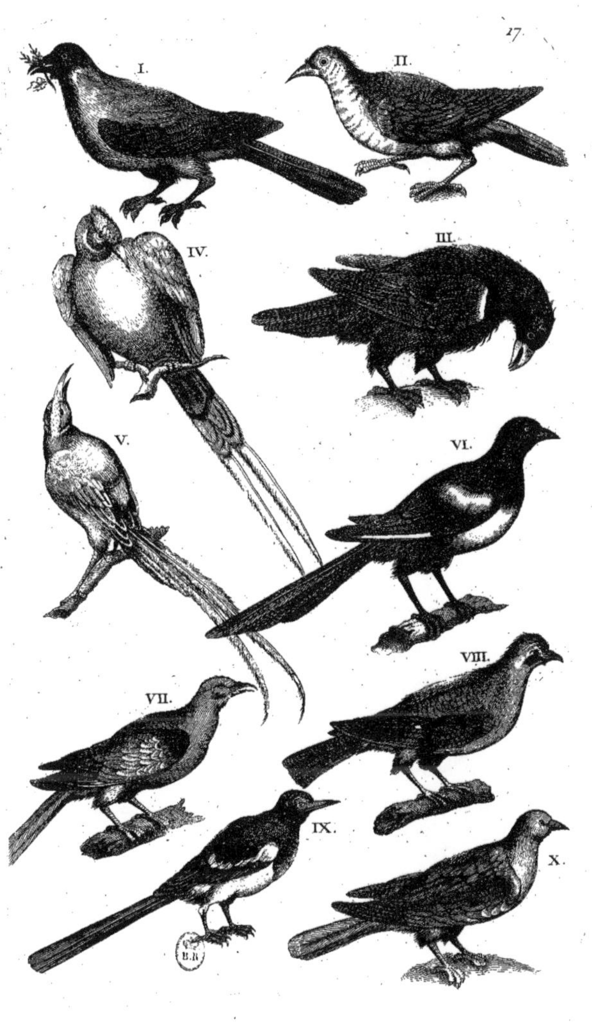
I.
II.
IV.
III.
V.
VI.
VIII.
VII.
IX.
X.

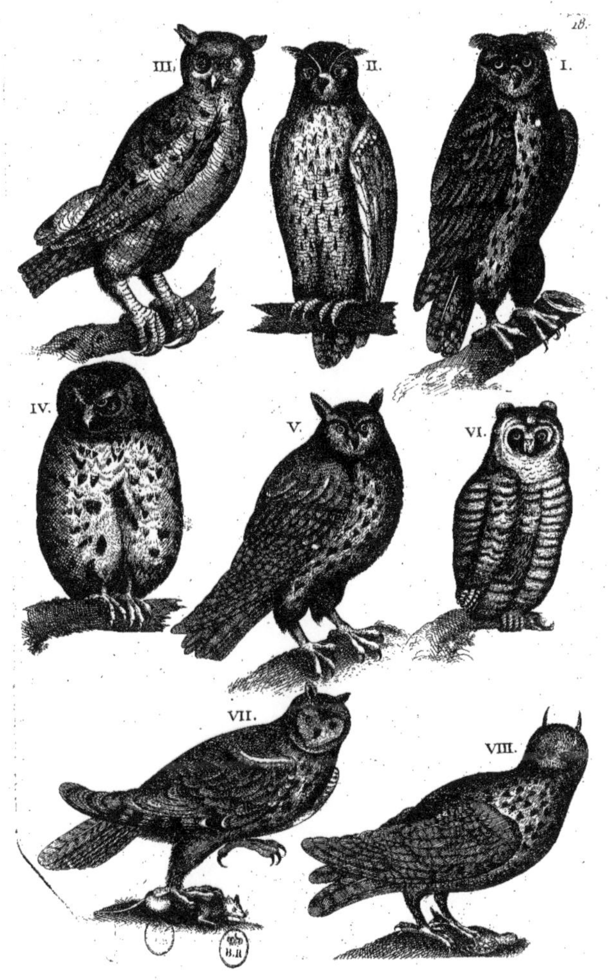
18.
III.
II.
I.
IV.
V.
VI.
VII.
VIII.

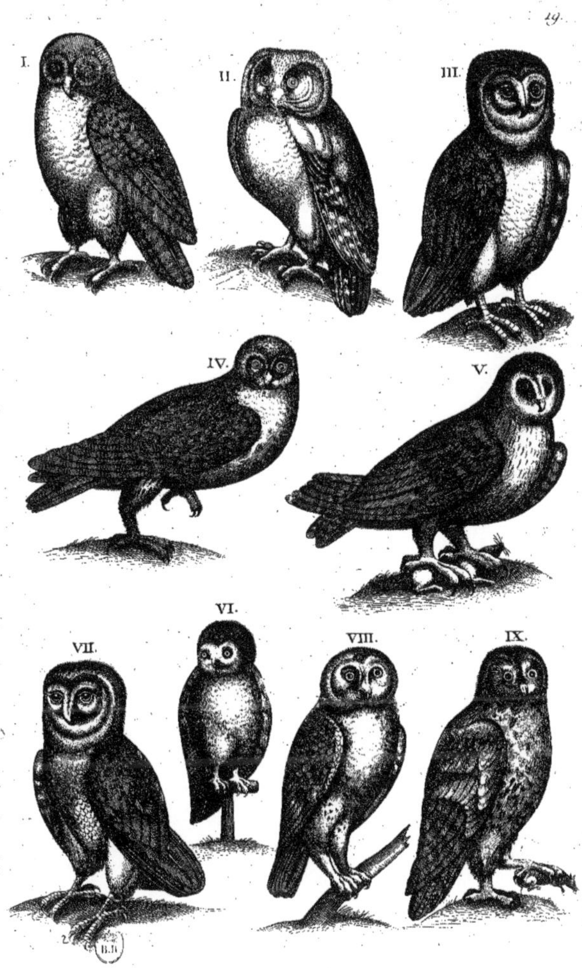
19.
I.
II.
III.
IV.
V.
VI.
VII.
VIII.
IX.

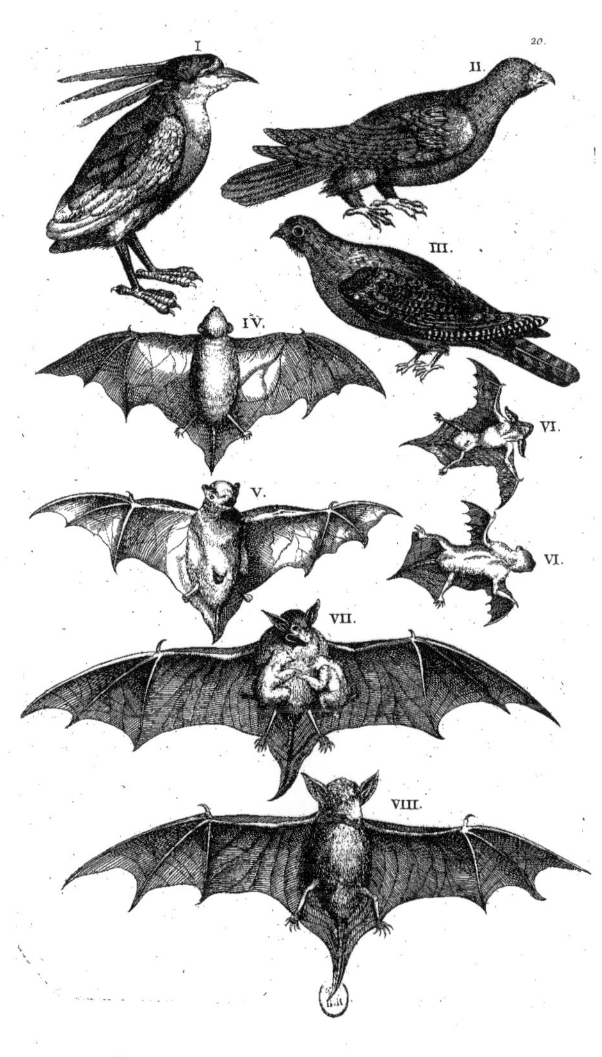
20.
I
II.
III.
IV.
V.
VI.
VI.
VII.
VIII.

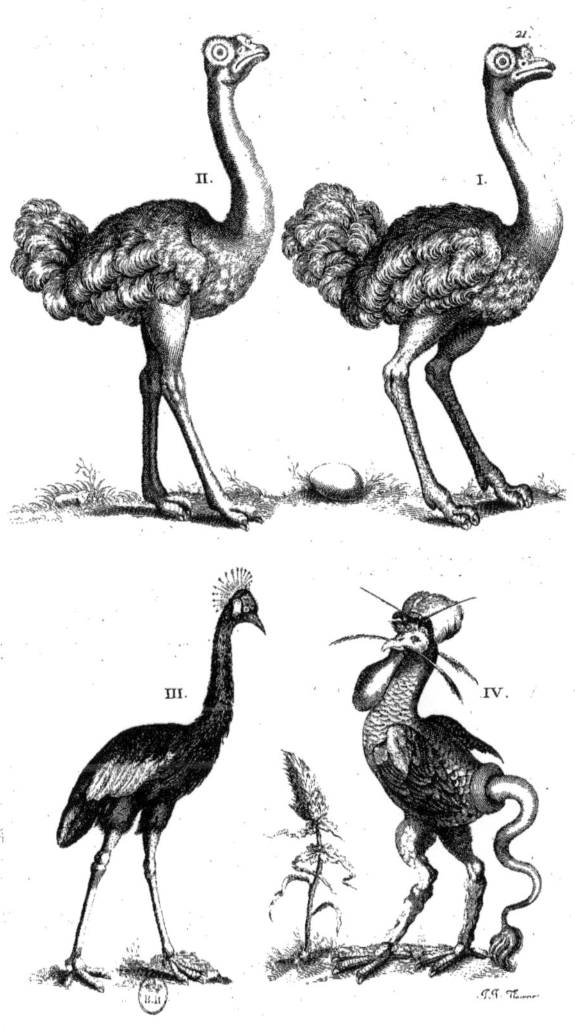
21.
II.
I.
III.
IV.

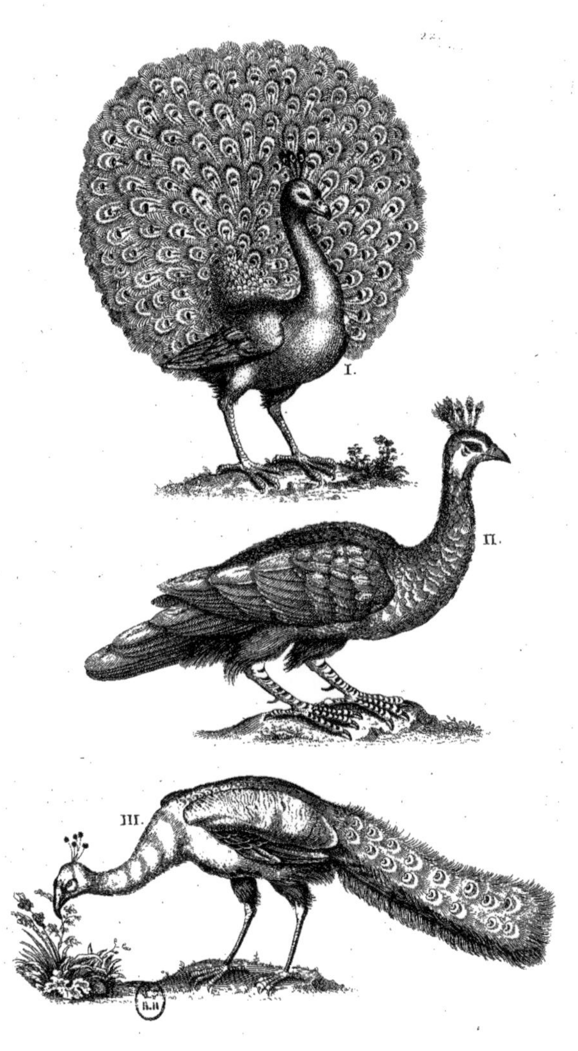
I.
II.
III.

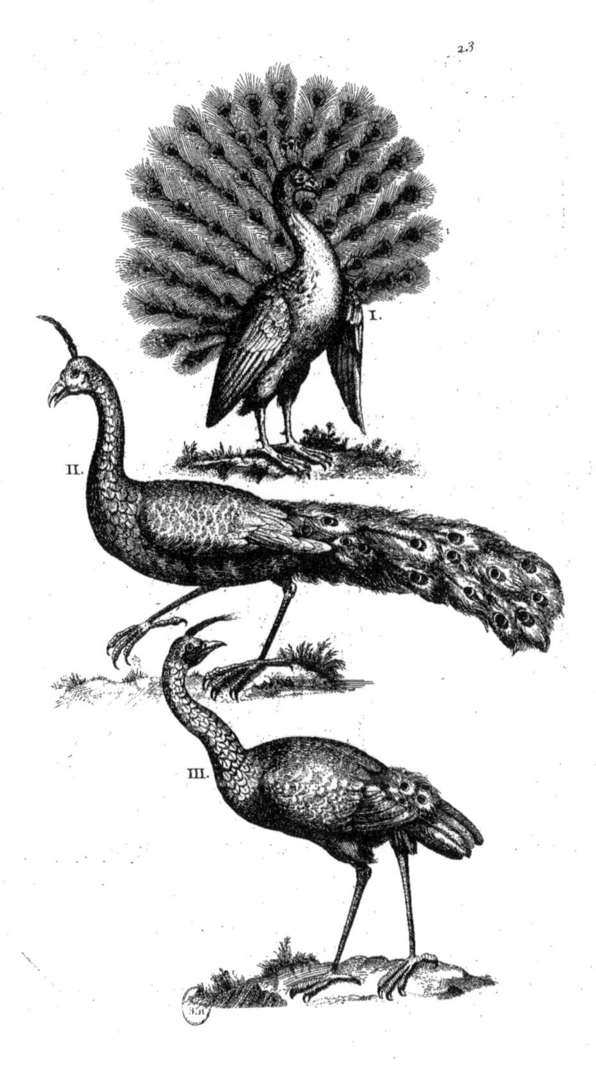
I.
II.
III.

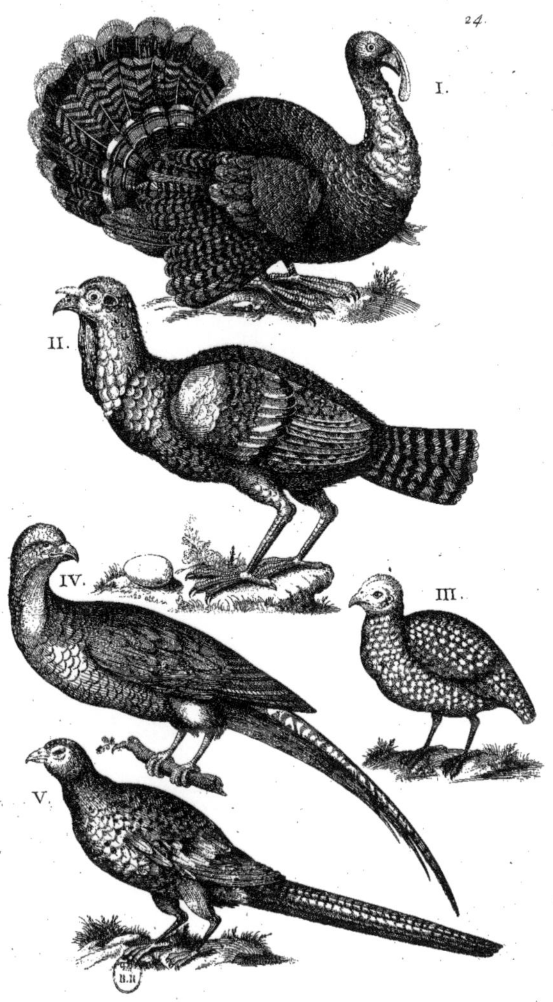
24.
I.
II.
IV.
III.
V.

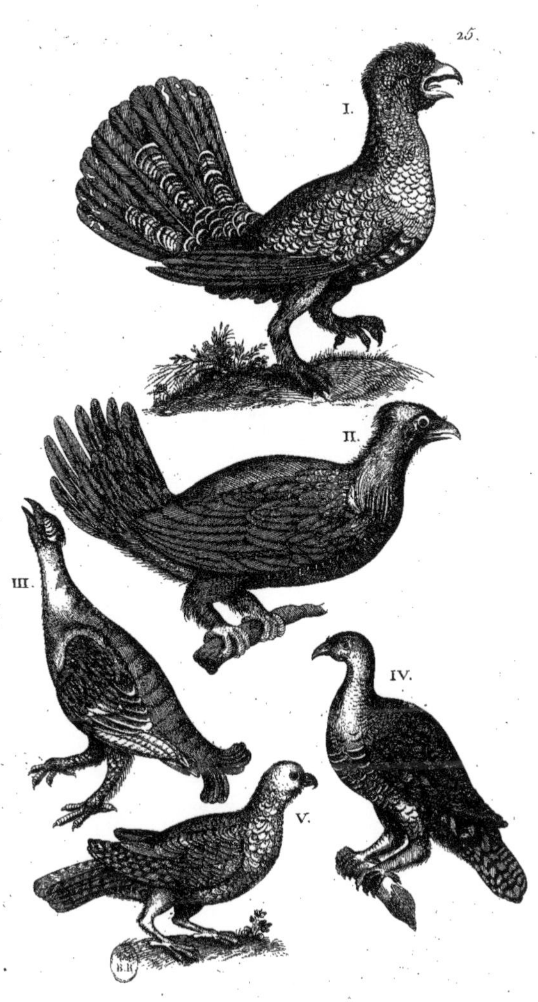
25.
I.
II.
III.
IV.
V.

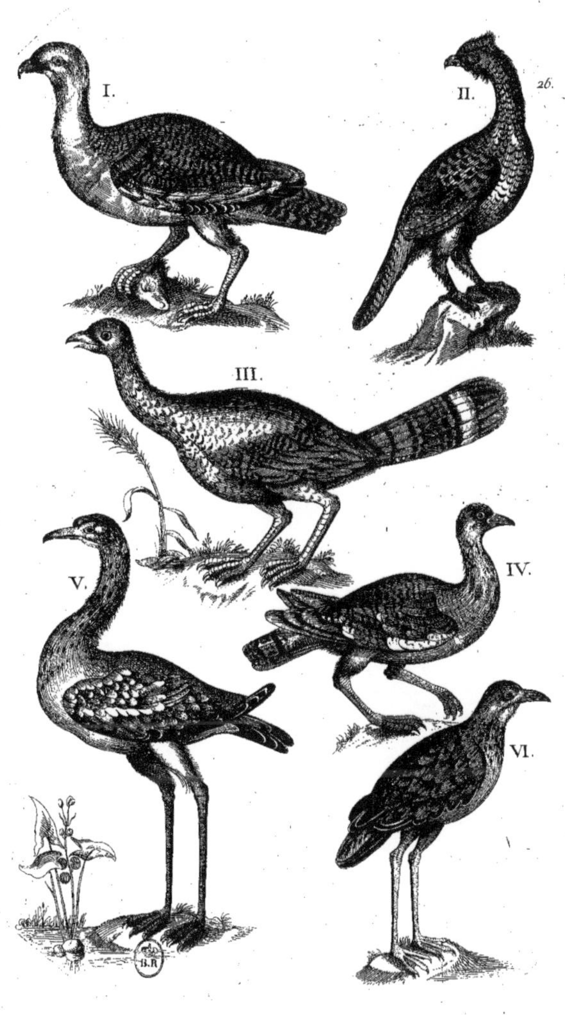
26.
I.
II.
III.
IV.
V.
VI.

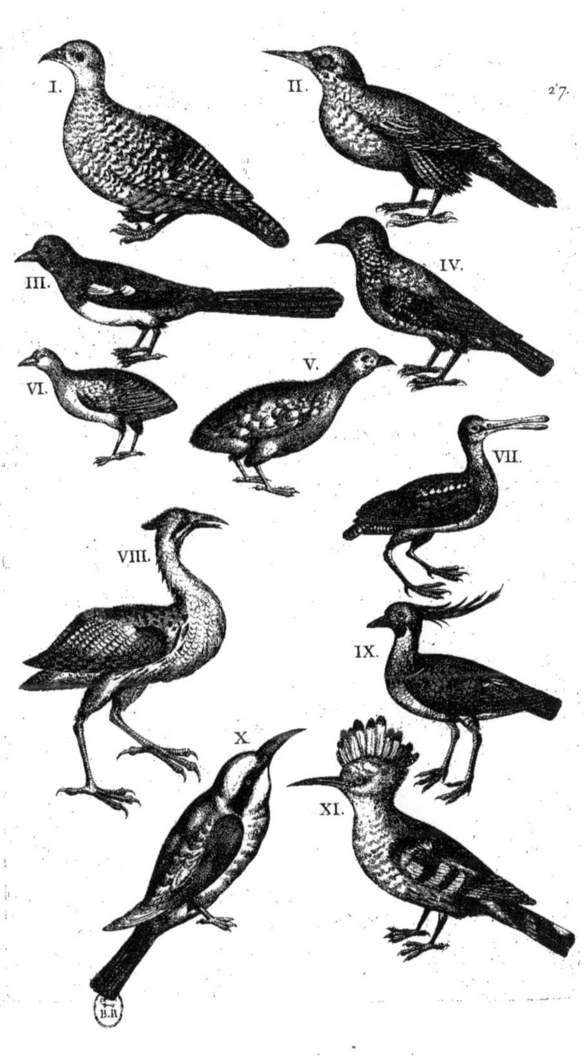
I.
II.
27.
III.
IV.
V.
VI.
VII.
VIII.
IX.
X.
XI.

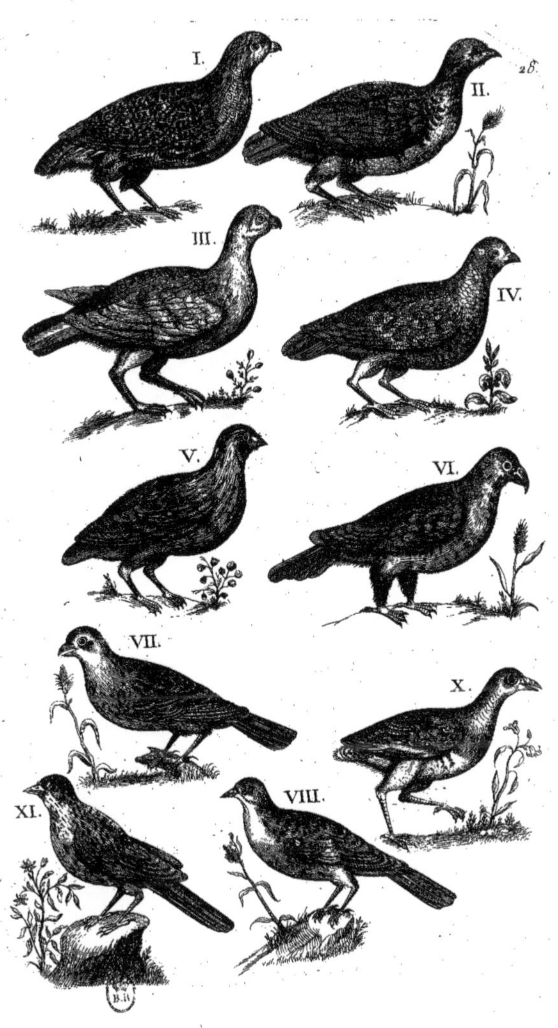
28.
I.
II.
III.
IV.
V.
VI.
VII.
X.
XI.
VIII.

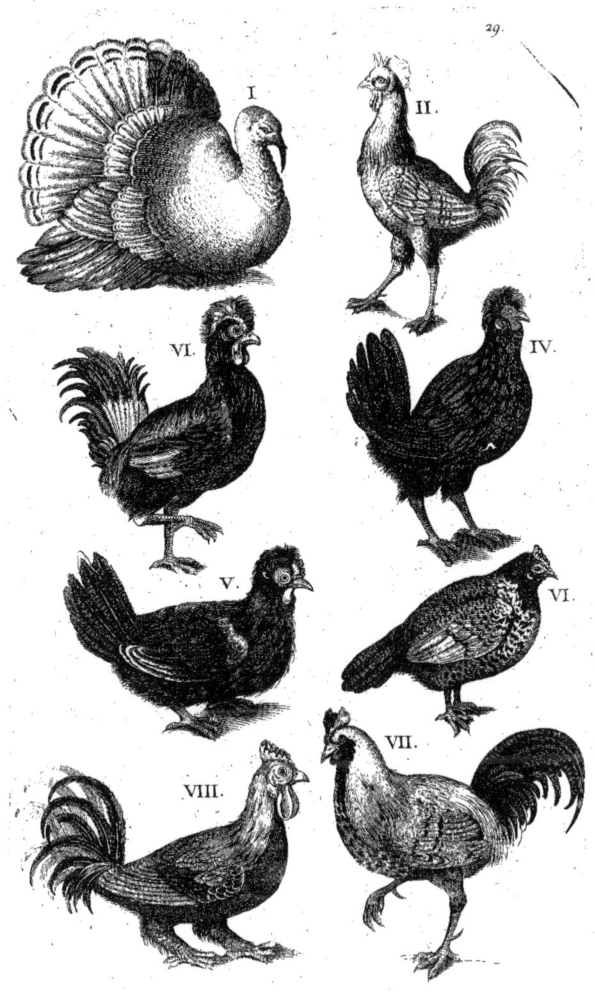
29.
I
II.
VI.
IV.
V.
VI.
VII.
VIII.

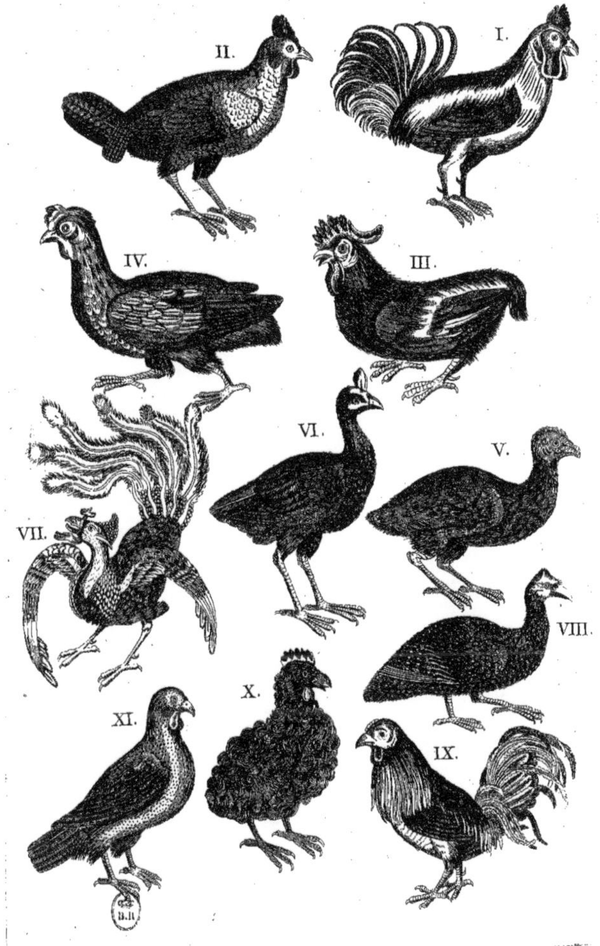
II.
I.
IV.
III.
VI.
V.
VII.
VIII.
X.
XI.
IX.

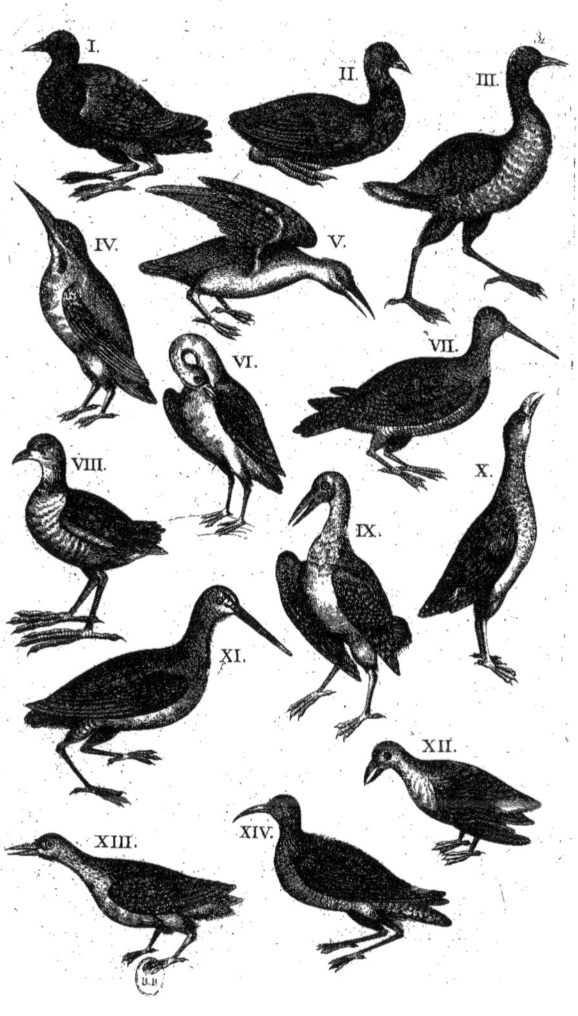
I.
II.
III.
IV.
V.
VI.
VII.
VIII.
IX.
X.
XI.
XII.
XIII.
XIV.

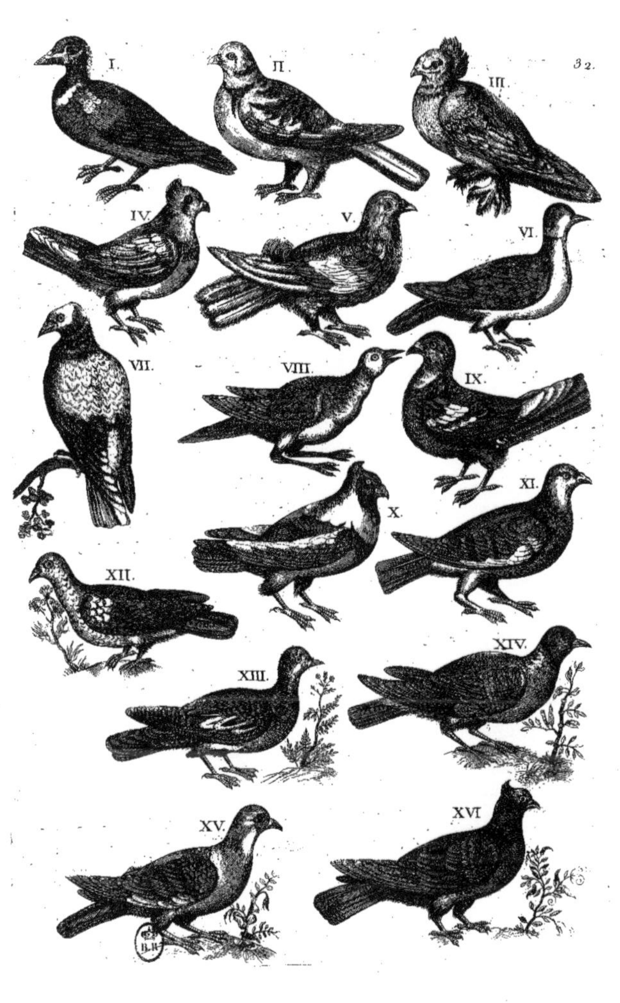
32.
I.
II.
III.
IV.
V.
VI.
VII.
VIII.
IX.
X.
XI.
XII.
XIII.
XIV.
XV.
XVI

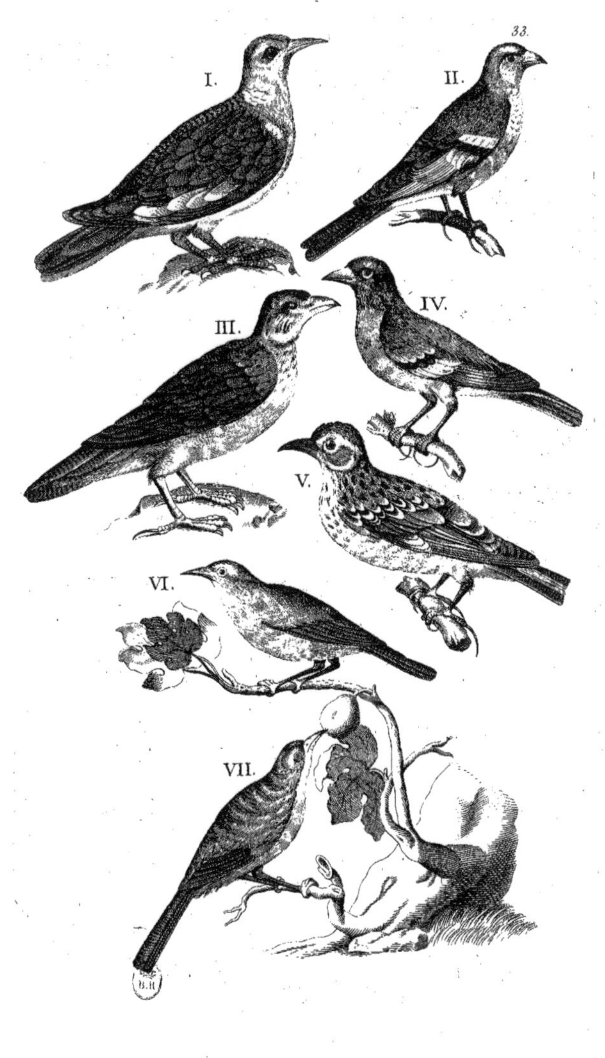
33.
I.
II.
III.
IV.
V.
VI.
VII.

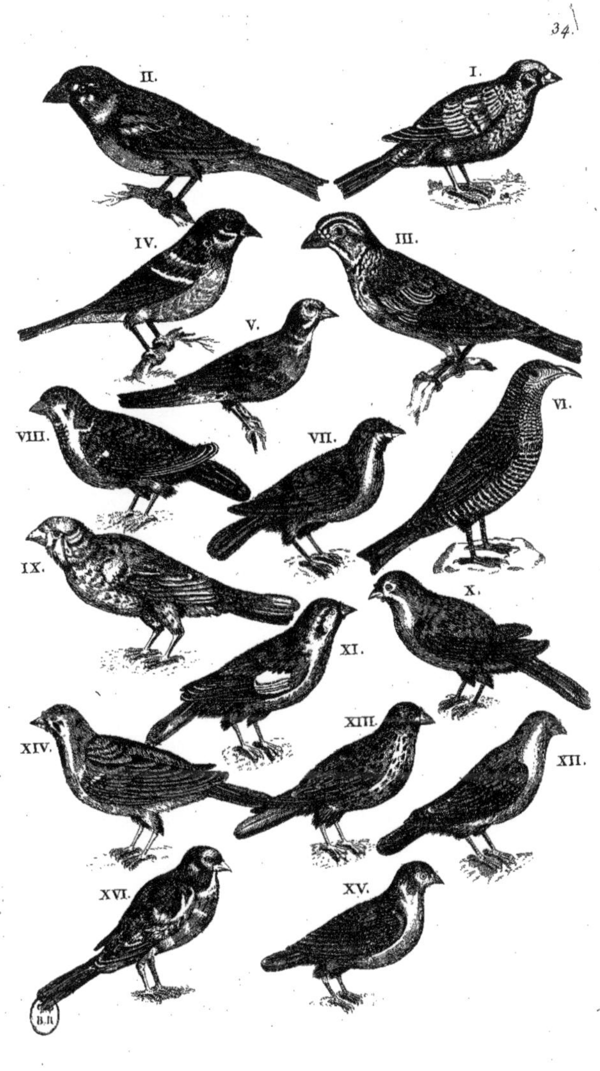
34.
II.
I.
IV.
III.
V.
VI.
VIII.
VII.
IX.
X.
XI.
XIV.
XIII.
XII.
XVI.
XV.

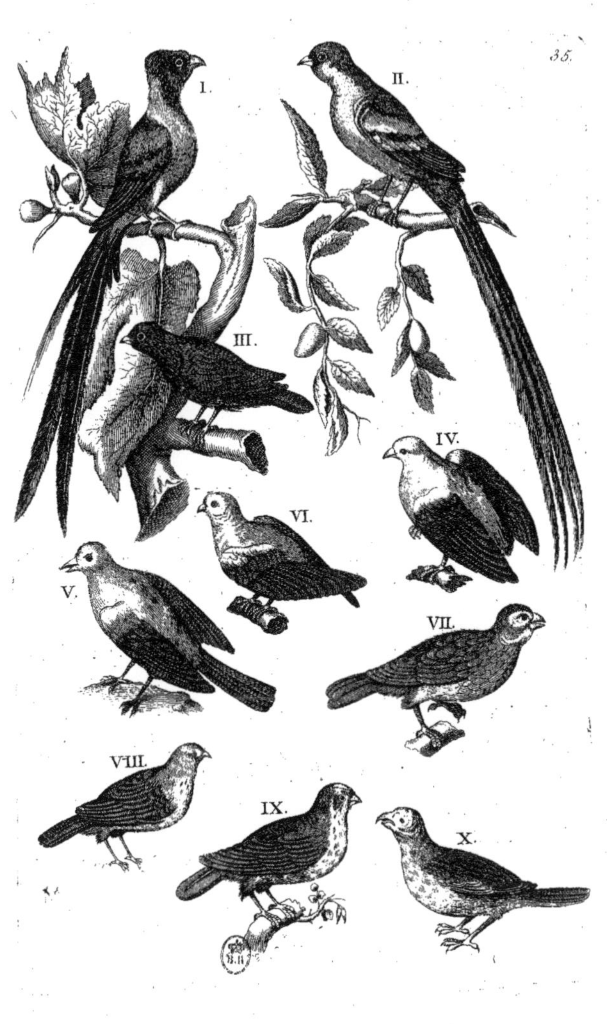
35.
I.
II.
III.
IV.
VI.
V.
VII.
VIII.
IX.
X.

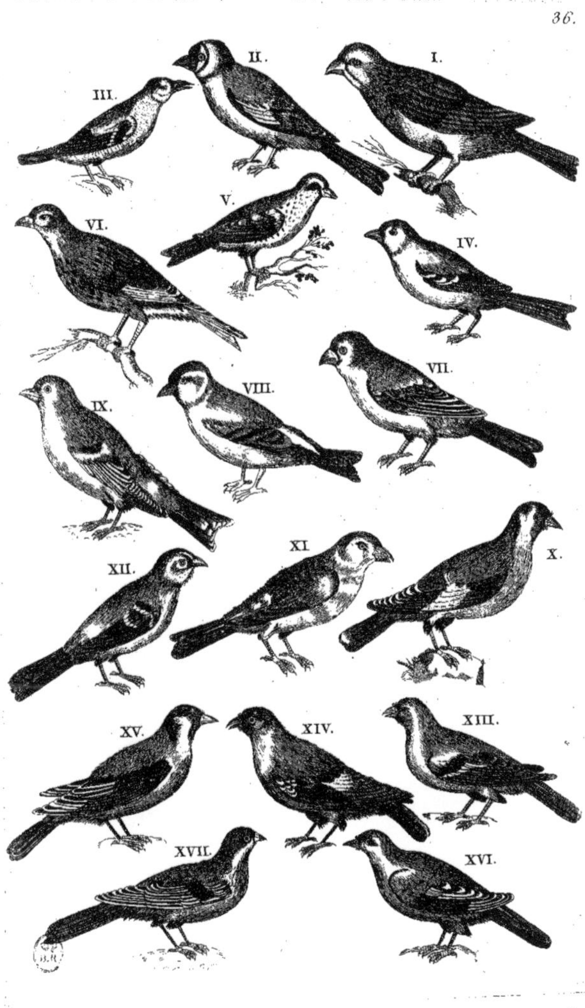
I.
II.
III.
IV.
V.
VI.
VII.
VIII.
IX.
X.
XI.
XII.
XIII.
XIV.
XV.
XVI.
XVII.

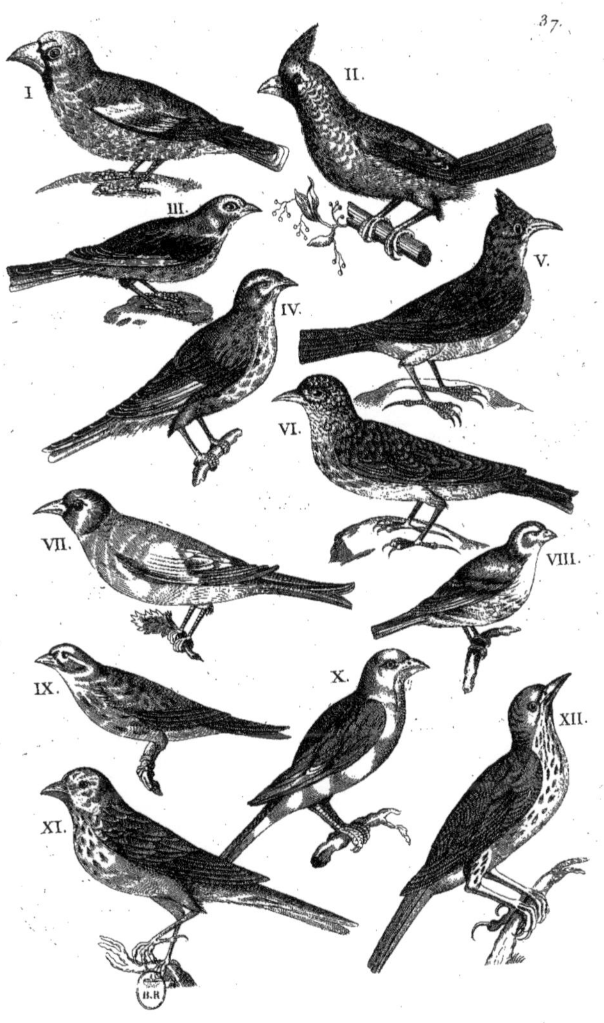
I
II.
III.
IV.
V.
VI.
VII.
VIII.
IX.
X.
XI.
XII.

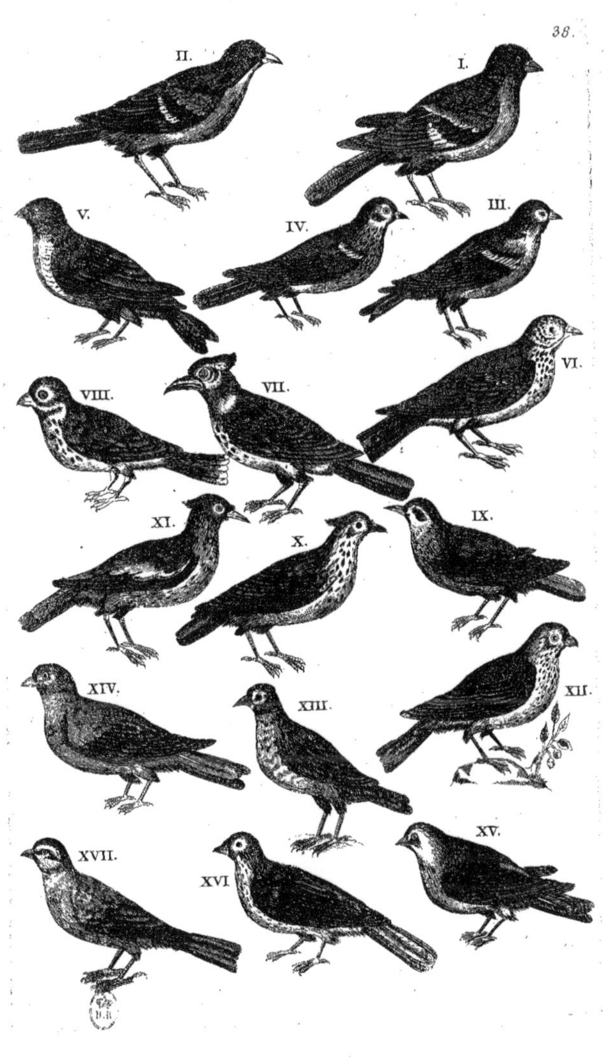
38.
II.
I.
V.
IV.
III.
VIII.
VII.
VI.
XI.
X.
IX.
XIV.
XIII.
XII.
XVII.
XVI.
XV.

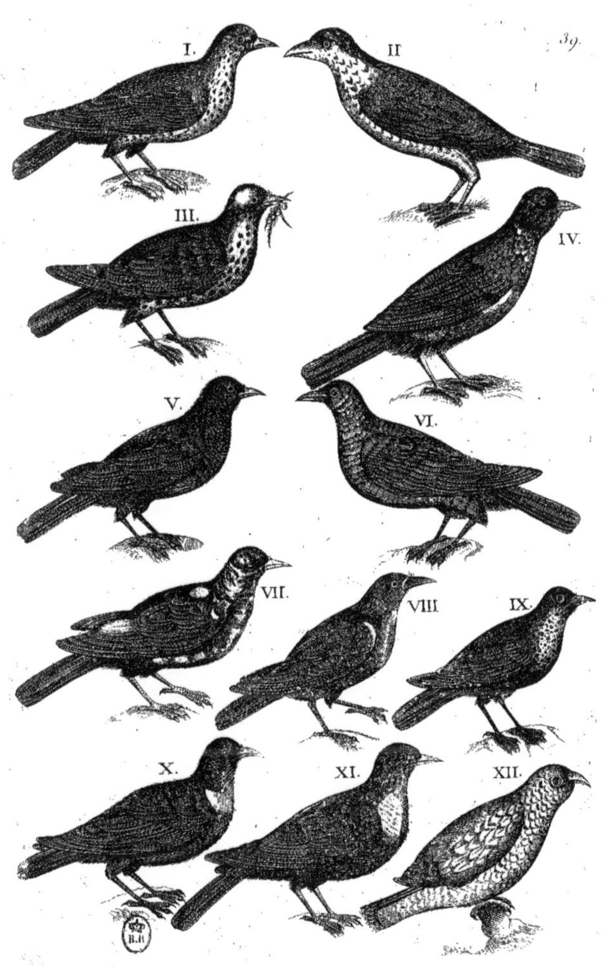
I.
II
III.
IV.
V.
VI.
VII.
VIII
IX.
X.
XI.
XII.

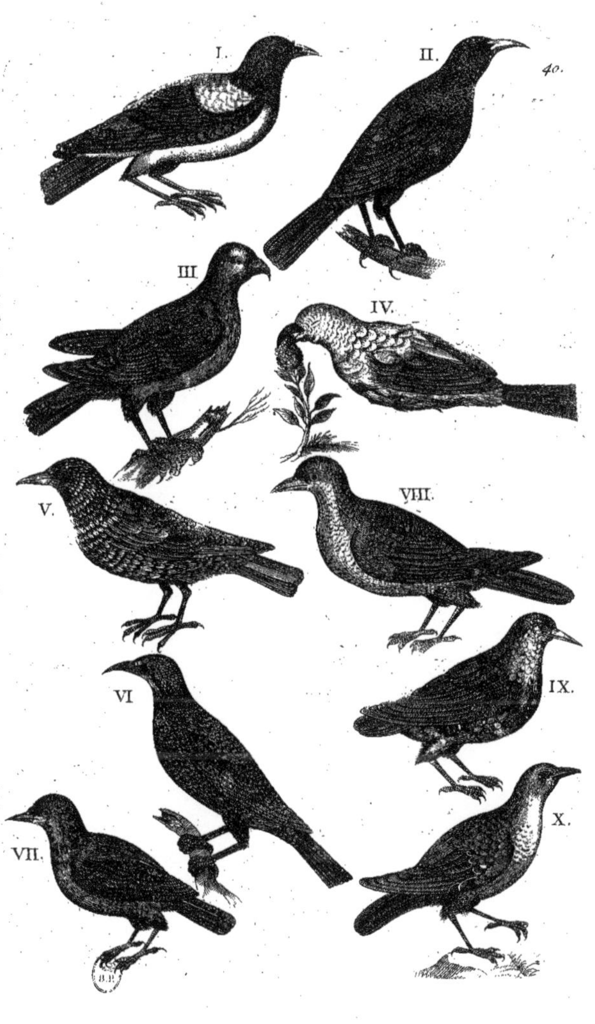

I.
II.
40.
III
IV.
V.
VIII.
VI
IX.
VII.
X.

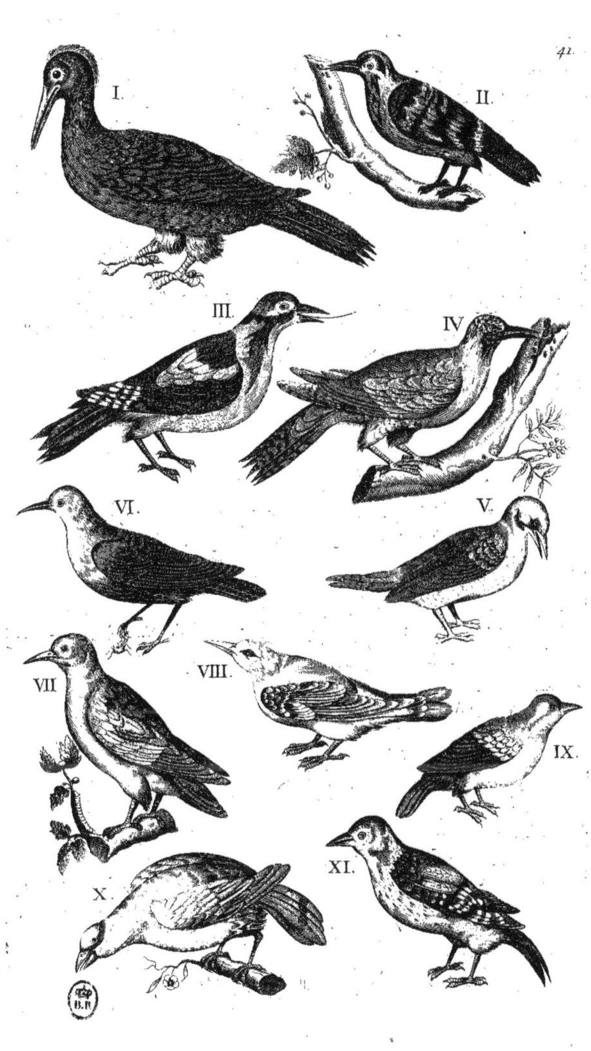
I.
II.
III.
IV
VI.
V.
VII
VIII.
IX.
X.
XI.

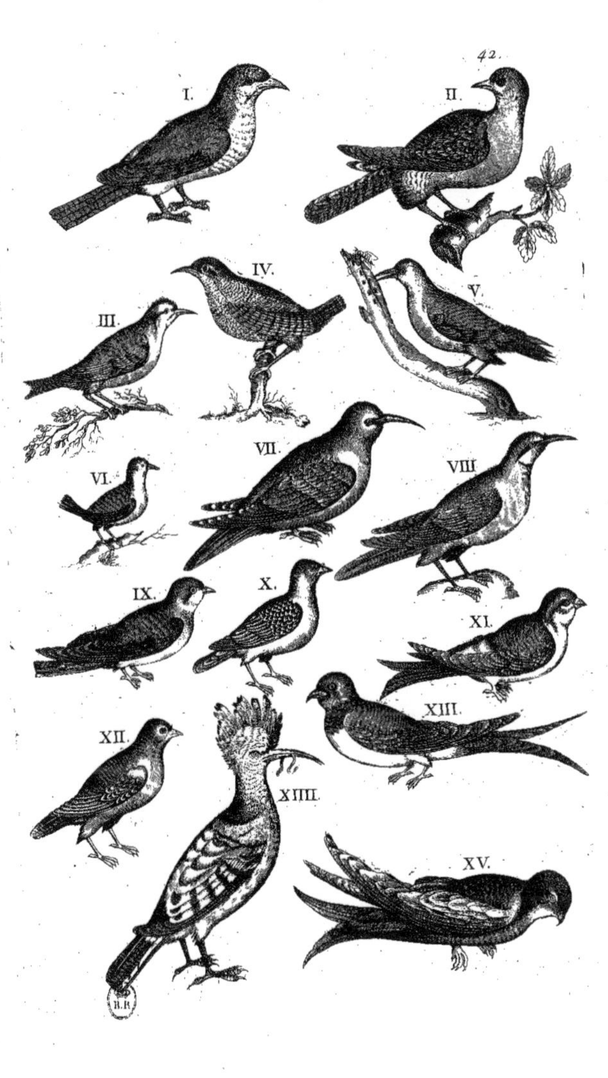
42.
I.
II.
III.
IV.
V.
VI.
VII.
VIII.
IX.
X.
XI.
XII.
XIII.
XIIII.
XV.

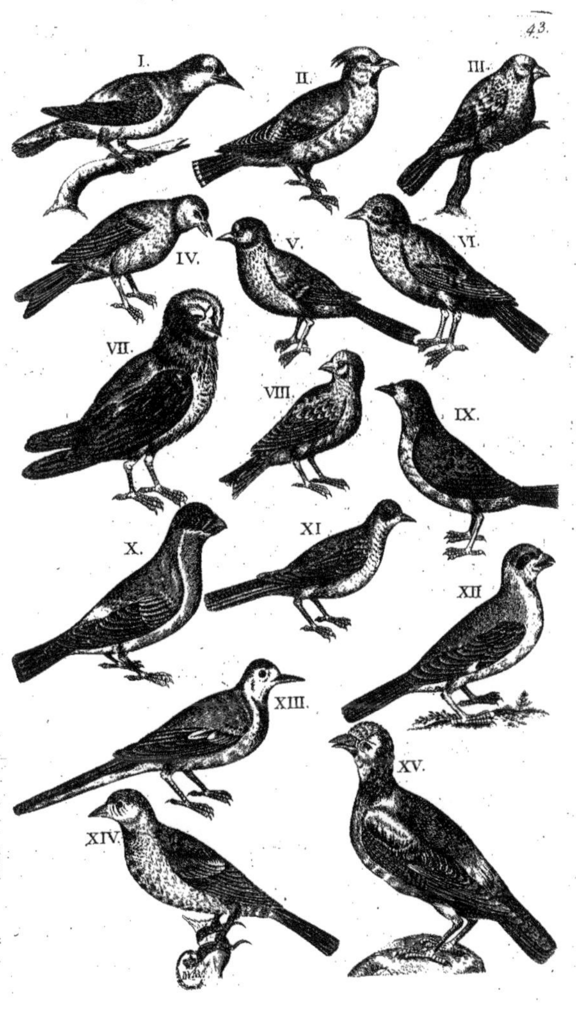
43.
I.
II.
III.
IV.
V.
VI.
VII.
VIII.
IX.
X.
XI
XII
XIII.
XIV.
XV.

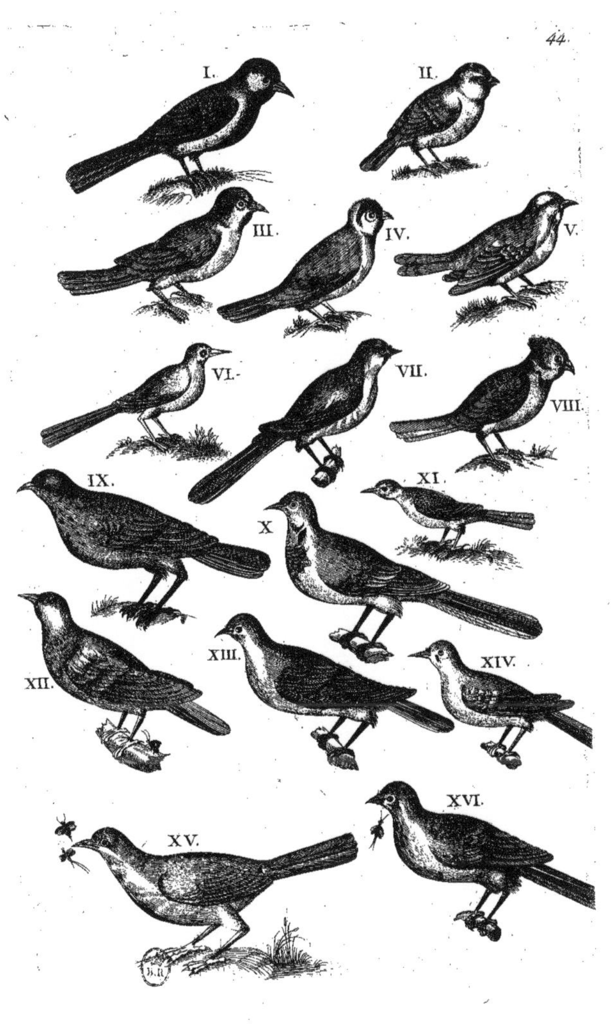
I.
II.
III.
IV.
V.
VI.
VII.
VIII.
IX.
X
XI.
XII.
XIII.
XIV.
XV.
XVI.

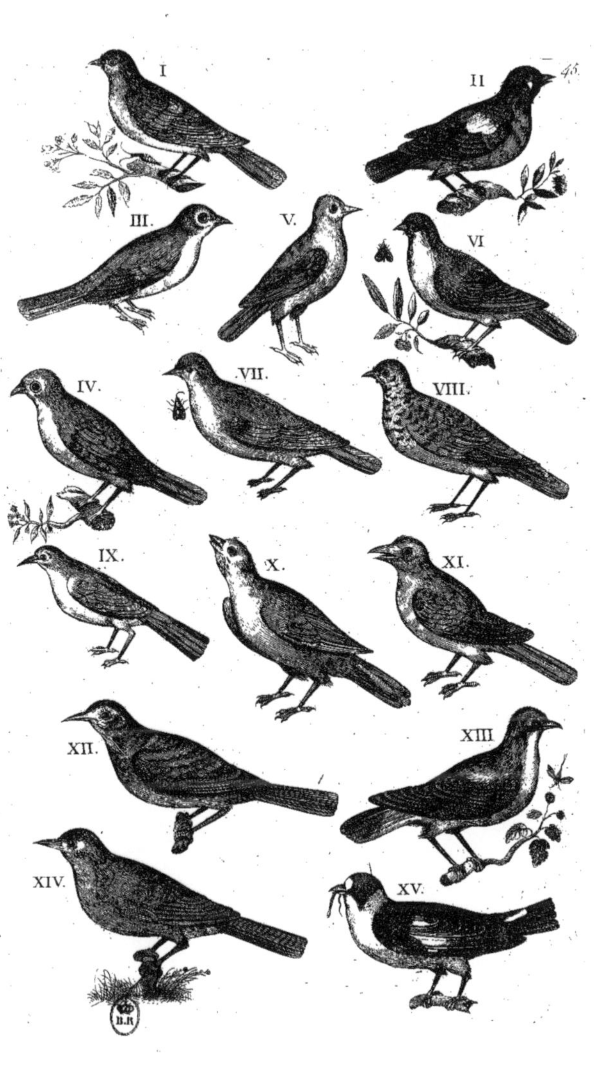
45.
I
II
III.
V.
VI
IV.
VII.
VIII.
IX.
X.
XI.
XII.
XIII
XIV.
XV.

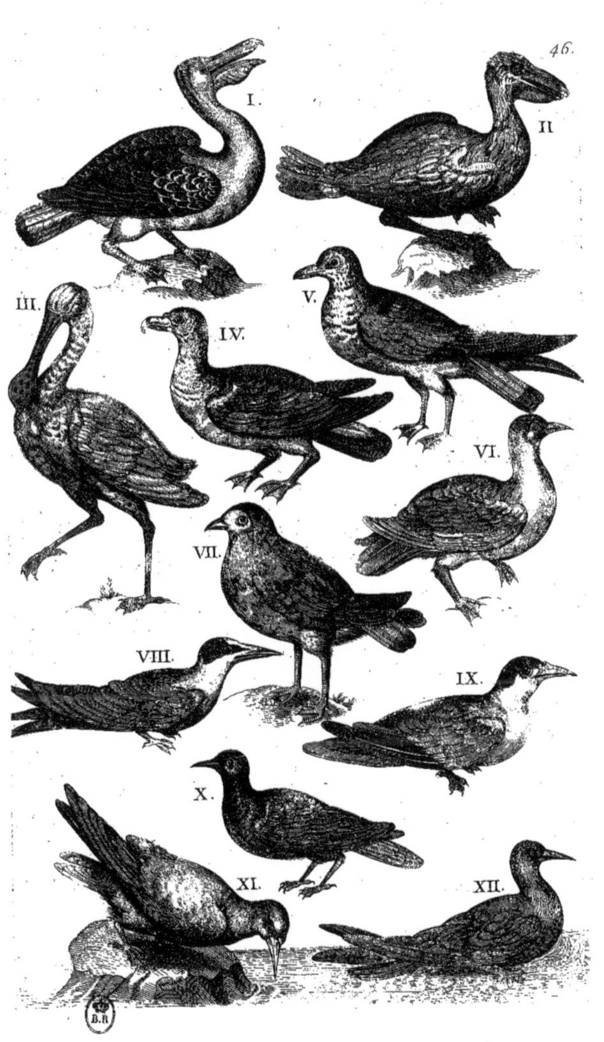
46.
I.
II
III.
IV.
V.
VI.
VII.
VIII.
IX.
X.
XI.
XII.

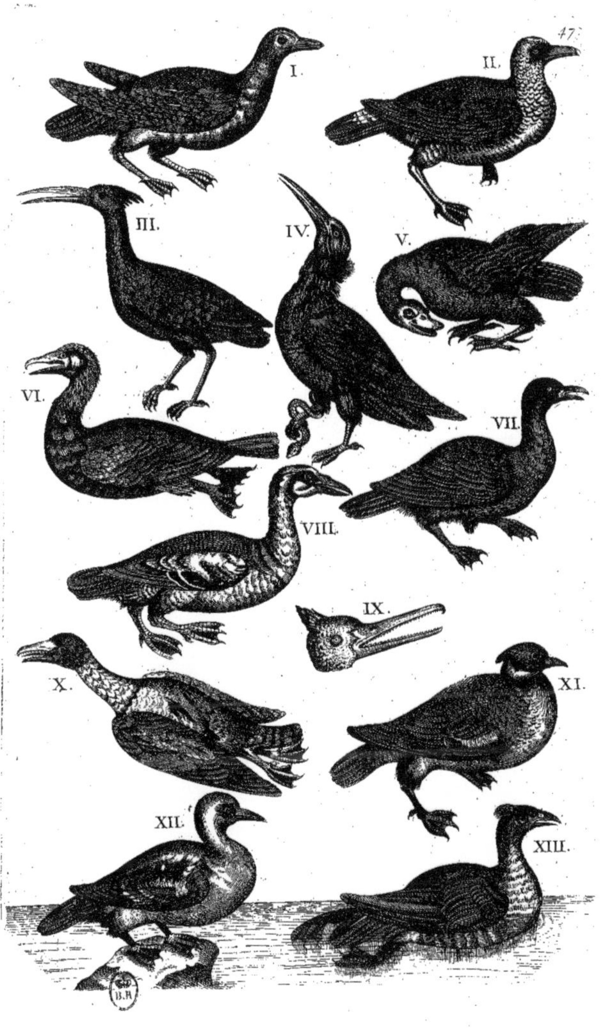
I.
II.
III.
IV.
V.
VI.
VII.
VIII.
IX.
X.
XI.
XII.
XIII.

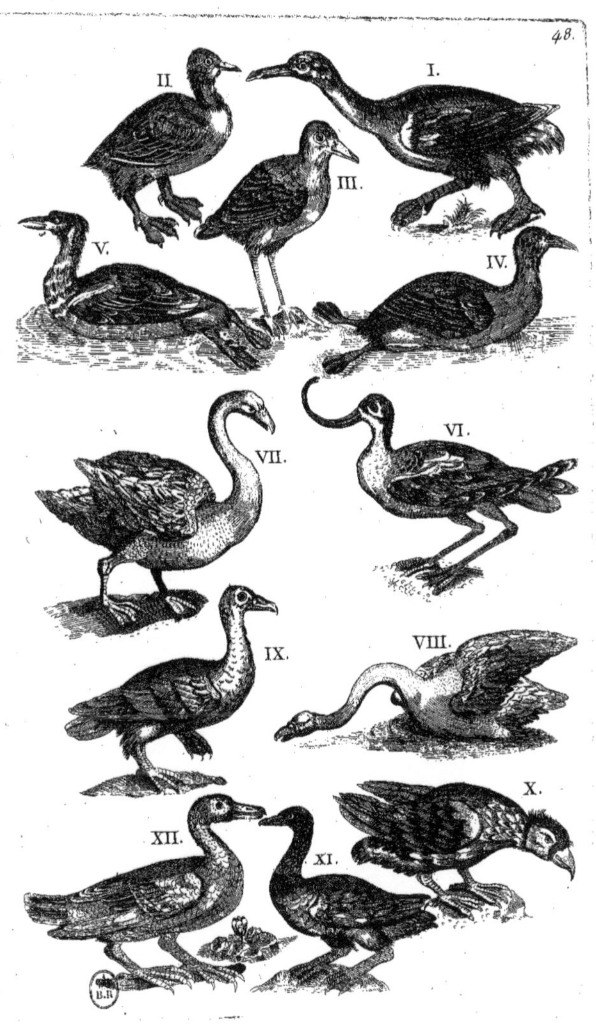
48.
I.
II.
III.
IV.
V.
VI.
VII.
VIII.
IX.
X.
XI.
XII.

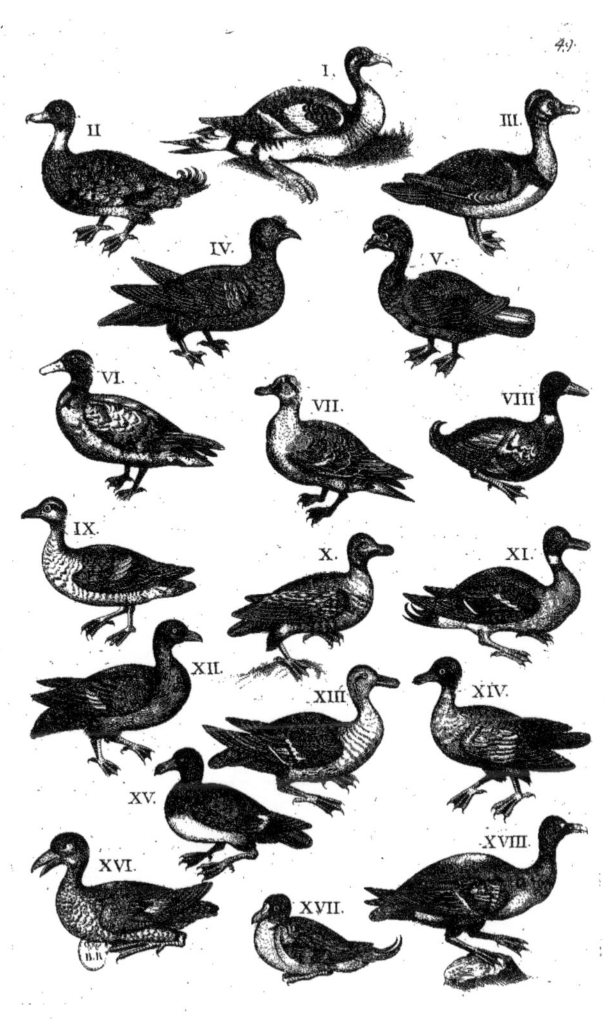
49.
I.
II
III.
IV.
V.
VI.
VII.
VIII
IX.
X.
XI.
XII.
XIII
XIV.
XV.
XVI.
XVII.
XVIII.

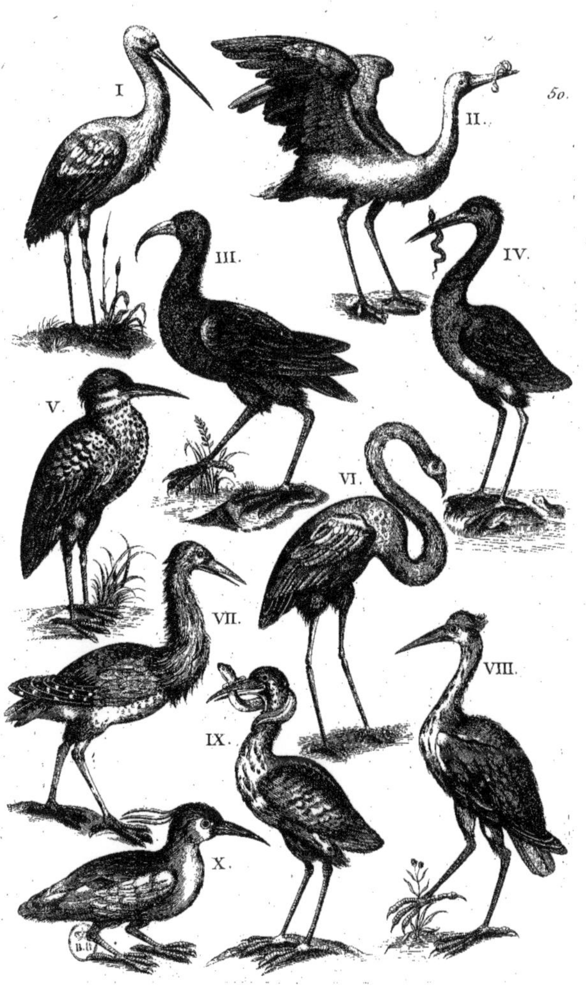
50.
I
II.
III.
IV.
V.
VI.
VII.
VIII.
IX.
X.

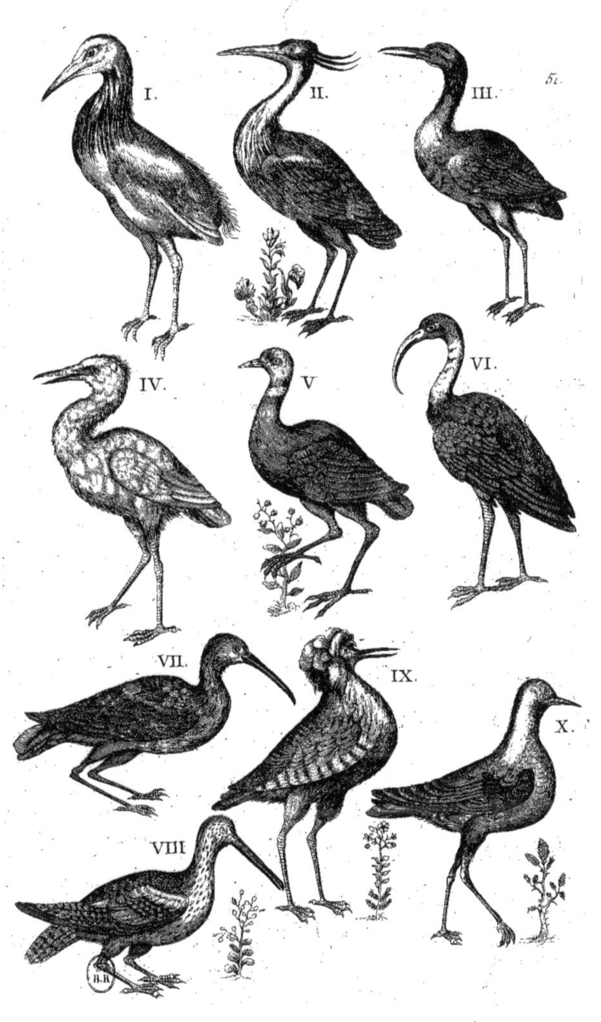
51.
I.
II.
III.
IV.
V
VI.
VII.
IX.
X.
VIII

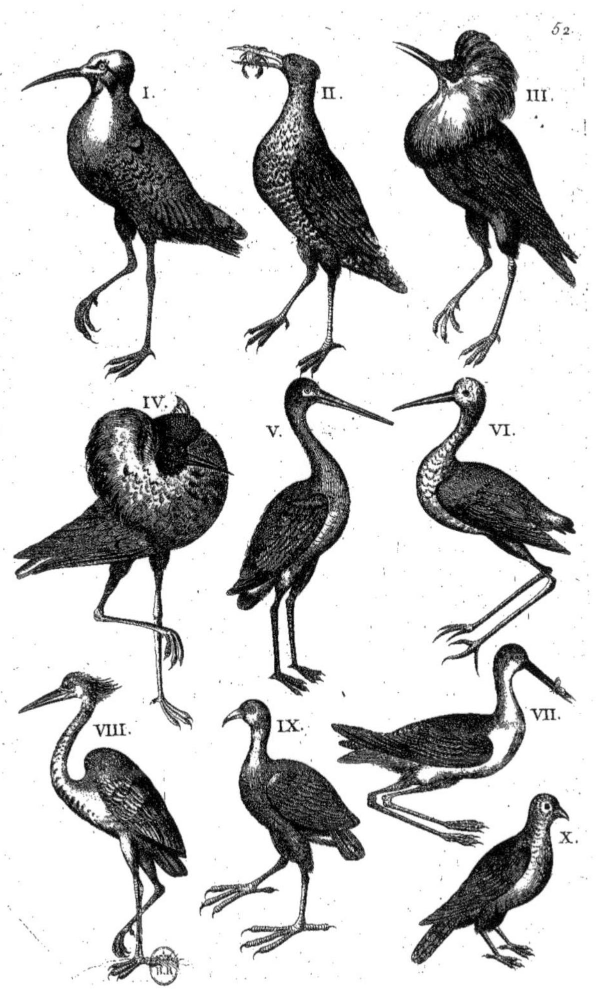
52
I.
II.
III.
IV.
V.
VI.
VII.
VIII.
IX.
X.

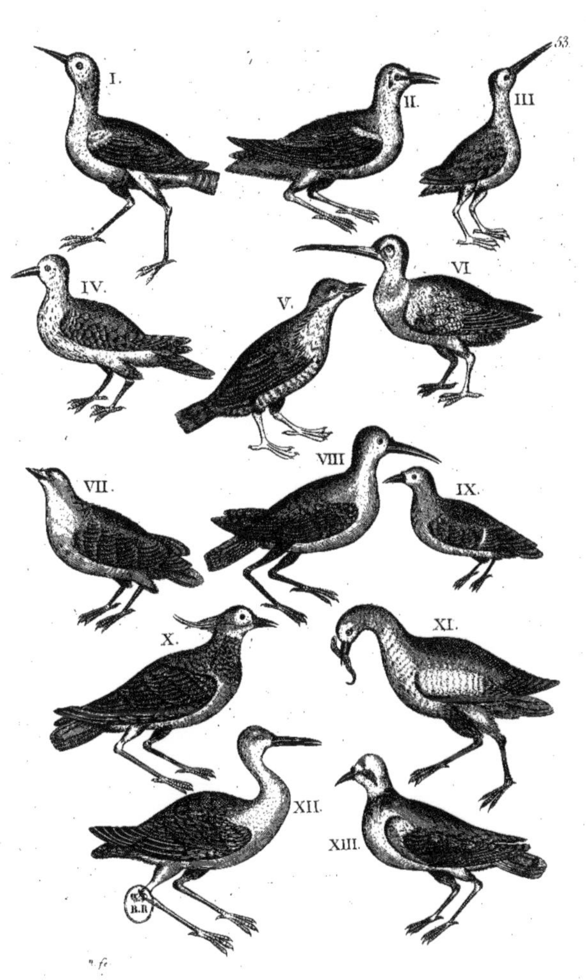
53.
I.
II.
III
IV.
V.
VI
VII.
VIII
IX.
X.
XI.
XII.
XIII.

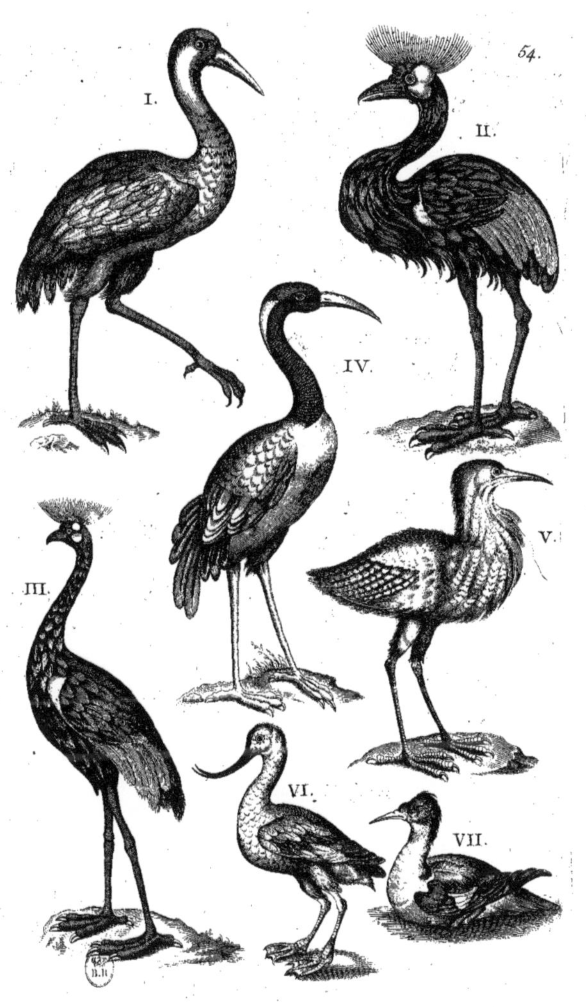
54.
I.
II.
IV.
V.
III.
VI.
VII.

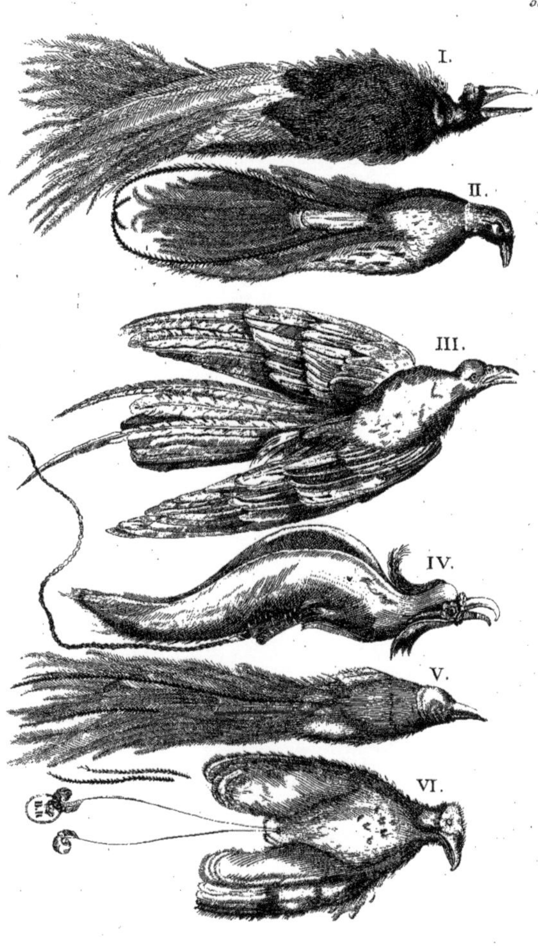
I.
II.
III.
IV.
V.
VI.

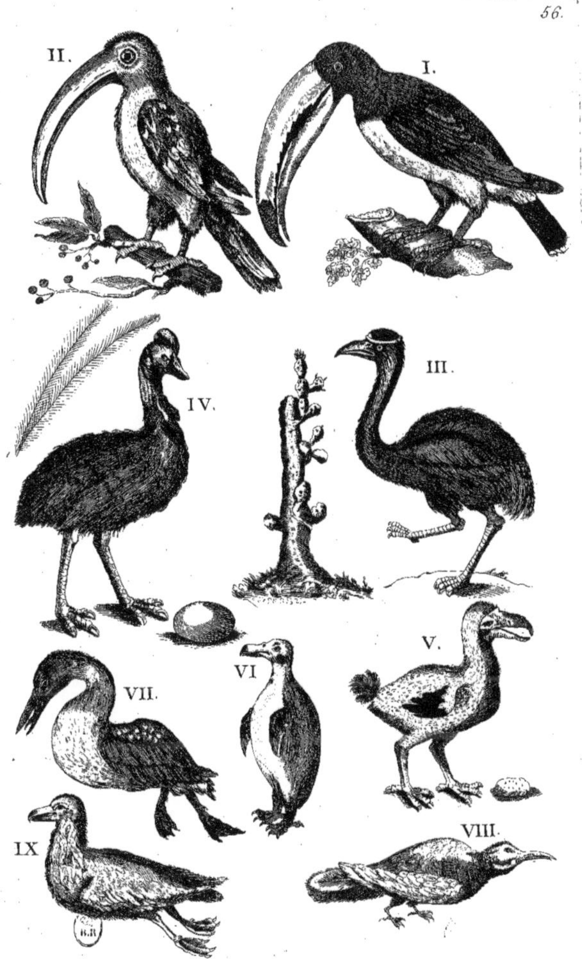
56.
II.
I.
IV.
III.
V.
VII.
VI
IX
VIII.

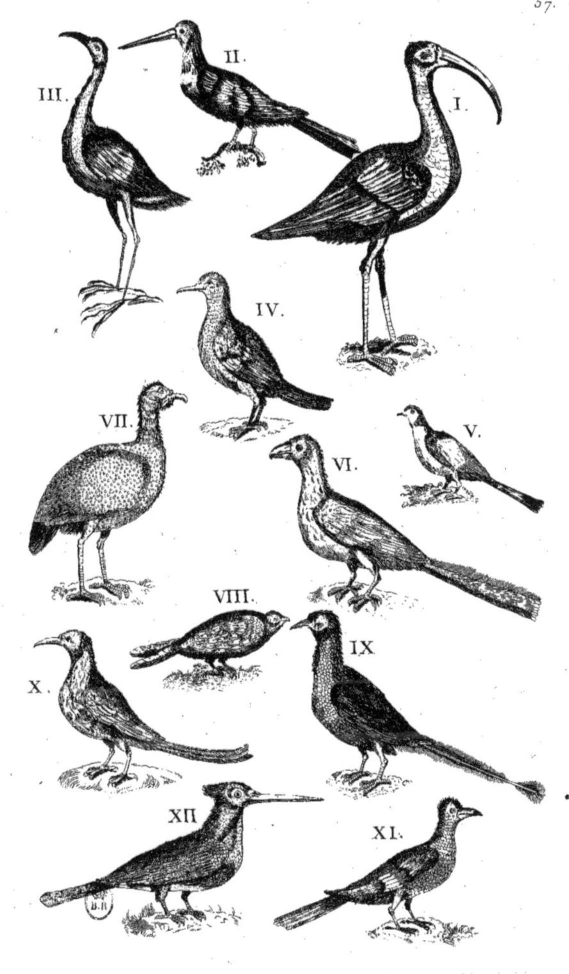
57.
I.
II.
III.
IV.
V.
VI.
VII.
VIII.
IX
X.
XI.
XII

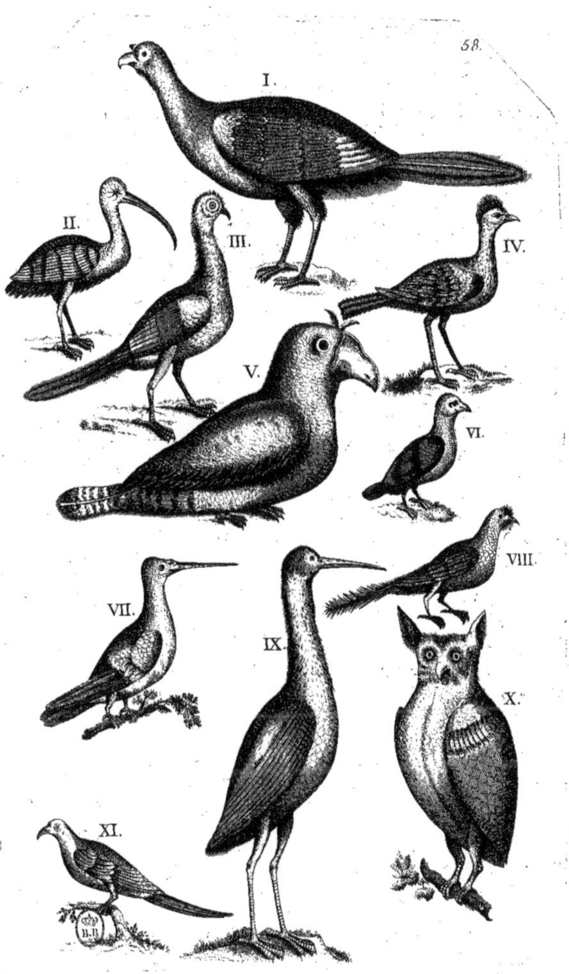
58.
I.
II.
III.
IV.
V.
VI.
VII.
VIII.
IX.
X.
XI.

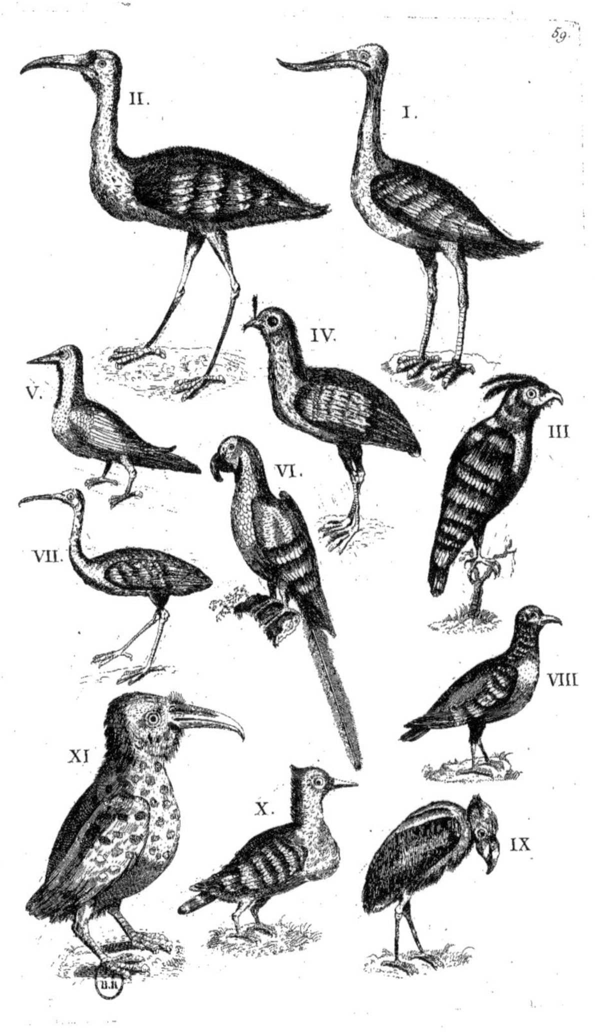
59.
II.
I.
IV.
V.
III
VI.
VII.
VIII
XI
X.
IX

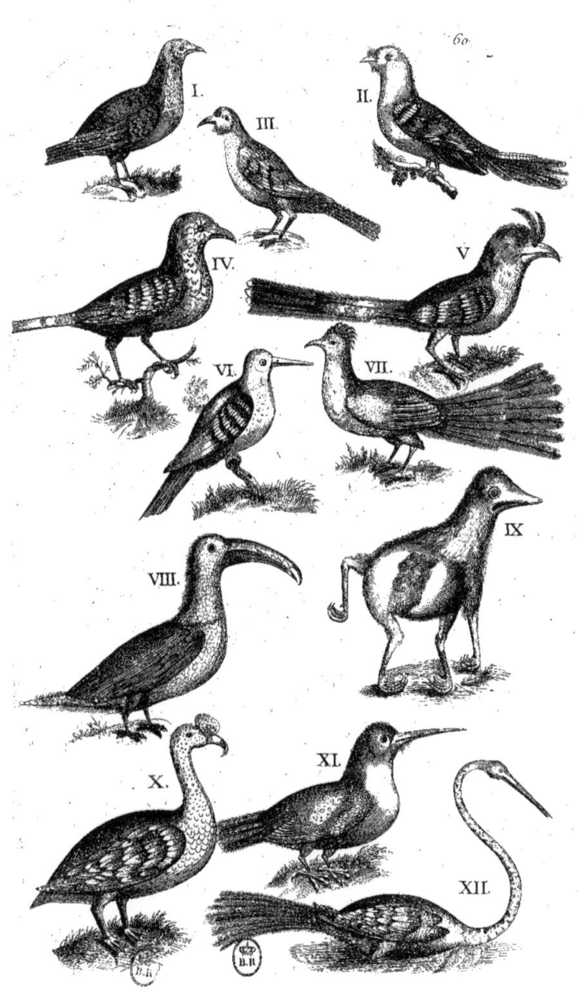
I.
II.
III.
IV.
V.
VI.
VII.
VIII.
IX.
X.
XI.
XII.

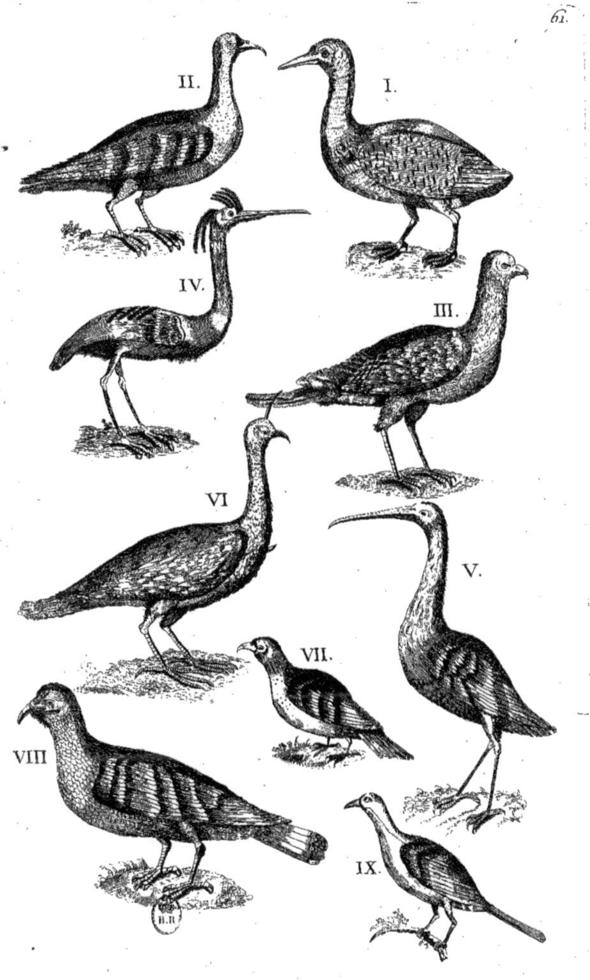
II.
I.
IV.
III.
VI
V.
VII.
VIII
IX.

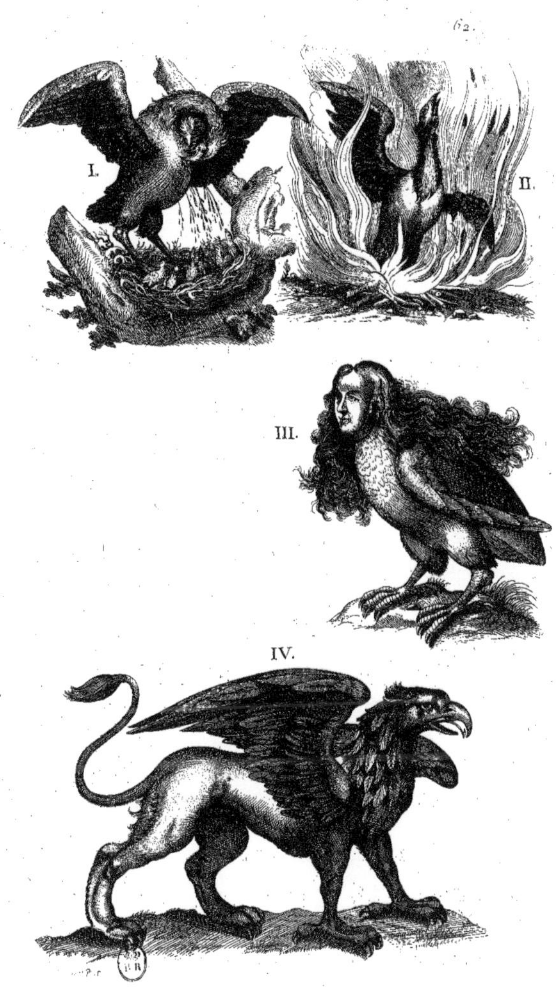
I.
II.
III.
IV.

www.ingramcontent.com/pod-product-compliance
Ingram Content Group UK Ltd.
Pitfield, Milton Keynes, MK11 3LW, UK
UKHW020250250726
13967UKWH00004B/1588